郑州科技学院建校 30 年校庆丛书

推动科技创新 助力人才培养
——纪念郑州科技学院建校 30 年校庆丛书之科研双创篇

主　编　李利民
副主编　杨绪华　潘斗凤
参　编　王　涛　齐仁龙　申晓东
　　　　余　涛　刘　妍　李大海
　　　　张玉华

北京理工大学出版社
BEIJING INSTITUTE OF TECHNOLOGY PRESS

内 容 简 介

全书分为历程篇、管理篇、特色篇、成果篇、创新创业篇五部分。通过这些方面取得的成果展示，总结经验，同时也是对以往30年奋斗发展的系统总结，便于后续教育教学，特别是在创新创业方面争取获得更好的成绩。对学校乃至民办本科院校的发展起到良好的引导和正面促进作用。

版权专有　侵权必究

图书在版编目（CIP）数据

推动科技创新　助力人才培养：纪念郑州科技学院建校30年校庆丛书之科研双创篇/李利民主编. —北京：北京理工大学出版社，2018.7

（郑州科技学院建校30年校庆丛书）

ISBN 978-7-5682-5872-2

I. ①推⋯ II. ①李⋯ III. ①郑州科技学院—科研管理—概况 IV. ①G644

中国版本图书馆CIP数据核字（2018）第155084号

出版发行 / 北京理工大学出版社有限责任公司	
社　　址 / 北京市海淀区中关村南大街5号	
邮　　编 / 100081	
电　　话 /（010）68914775（总编室）	
（010）82562903（教材售后服务热线）	
（010）68948351（其他图书服务热线）	
网　　址 / http://www.bitpress.com.cn	
经　　销 / 全国各地新华书店	
印　　刷 / 三河市华骏印务包装有限公司	
开　　本 / 787毫米×1092毫米　1/16	
印　　张 / 9.5	责任编辑 / 李志敏
字　　数 / 220千字	文案编辑 / 赵　轩
版　　次 / 2018年7月第1版　2018年7月第1次印刷	责任校对 / 黄拾三
定　　价 / 33.00元	责任印制 / 李志强

图书出现印装质量问题，请拨打售后服务热线，本社负责调换

郑州科技学院建校 30 年校庆丛书
编 委 会

总顾问：刘文魁　可淑文
顾　问：刘新华　徐建新
主　任：秦小刚　刘赛赛
副主任：周文玉　李利民　刘　欣
　　　　刘亮军　宋志豪
编　委：岳朝杰　张文婷　高战盈
　　　　杨绪华　张保龙　马家生
　　　　潘斗凤

前言

随着社会经济的发展,科研和双创工作的创新与强化,不仅是提高民办高校教育教学质量、提升办学层次和水平保障的基础,更是民办高校未来发展的重要部分。一所民办高校的体制完善与否、教育教学质量的优与劣,科研和双创工作是其中重要表现之一。如何从根本上提高教师队伍的建设与教育质量水平,设定适应民办高校自身发展的科研和双创工作,并积极开展相关工作是最基本的途径之一。

郑州科技学院董事会和校党政领导十分重视科研与双创工作。近年来,尤其是升本以后,学校不断加强和完善科研基础设施建设,不断加大投入力度,逐步改善师生从事科研和双创工作条件。科研处在学校董事会和党政领导的正确引领下,结合学校建设和发展目标,积极动员教师在搞好教学工作的同时,开展科研和双创工作。不断完善科研管理制度,使科研管理工作逐渐走向制度化、规范化,提高了教师从事科研工作的积极性;大力开展对外科技合作与科技成果推广转化,提升我校科研社会服务职能;坚持以人为本,以项目建设为基础,内引外联,牵线搭桥,强化服务理念,创新服务方式,开创创新创业新局面;不断提高学报的办刊水平,为全校师生提供必要的科研园地,推动了学校科研的开展,扩大了学校外联和影响。

正值学校 30 年校庆之际,我们详细梳理并总结了科研处成立七年来的工作和成绩,为学校 30 年校庆献上一份厚礼。全书分为历程篇、管理篇、特色篇、成果篇和创新创业篇五部分,其中潘斗凤编写了历程篇的第一、三章,第二章的第一、二、三节,管理篇全部章节及特色篇的第一、三章;余涛编写了成果篇的第一、二章,第三章的第三、四节;齐仁龙、李大海、张玉华共同编写了特色篇的

第二章，成果篇第三章的第一、二节；王涛编写了历程篇中第二章第四小节，创新创业篇中第一、二、三章；申晓东编写创新创业篇中第四六七章；刘妍编写了创新创业篇中第五八章。

　　本书编写过程中得到了学校各位领导和各部门的大力支持，在此一并表示感谢！书中难免有疏漏和不当之处，敬请各位读者批评指正。

编　者

2018 年 6 月

目 录

历程篇

第一章 发展历史 /3

第一节 历史沿革 /3
　　一、打基础阶段（2001~2011）/3
　　二、扎实起步阶段（2011~2015）/3
　　三、稳步发展阶段（2015~2017）/3
第二节 工作职责 /4

第二章 工作概况 /6

第一节 科研项目和成果数量逐年增加 质量不断提升 /6
第二节 成果推广与转化扎实推进 /6
第三节 基础平台作用日益明显 /7
第四节 创新创业逐见成效 /8
第五节 学报办刊质量稳中有升 /8

第三章 大事记 /10

管理篇

第一章 明确定位 促进科教融合 /15

第二章 转变思路 树立服务理念 提高管理效率 /16

第一节 完善制度 规范管理 /16
第二节 创新管理手段 考核指标化 管理信息化 /17
第三节 树立服务意识 管理细节化 /17

第三章　动员宣传　分类引导　注重项目质量 /18

　　第一节　加大项目申报组织、审核力度　严把质量关 /18
　　第二节　加强立项项目过程管理　提高结题率和成果质量 /19
　　第三节　加大项目资助力度　完善项目评价考核体系确保研究成果有效转化 /19

第四章　加大投入　完善保障和激励机制　调动积极性 /20

第五章　加大基础平台建设　凸显社会服务功能 /21

　　一、创新平台成效显著 /21
　　二、社会服务功能稳步跃升 /21
　　三、服务机构日臻完善 /21
　　四、知识产权创新平台不断完善 /22
　　五、搭建校内科研平台 /22

第六章　加强队伍建设　注重内涵发展 /23

第七章　鼓励学术交流　营造学术氛围 /24

特色篇

第一章　鼓励学生参加科技活动　提高创新能力 /27

　　一、健全组织，完善制度 /27
　　二、鼓励学生科技创新 /27
　　三、鼓励学生参与教师科研项目 /27
　　四、完善创新教育培训体系 /28

第二章　推进成果转化　主动服务社会 /29

　　一、技术转移拓思路，打造技术转移孵化平台 /29
　　二、开展科技开放合作，助推企业转型发展 /30
　　三、服务企业，加大科技成果转化 /31
　　四、强化科技创新，推动知识产权保护 /31

第三章　凸显专业特色　助力人才培养 /32

　　第一节　食品科学与工程学院 /32
　　　　一、搭建科研平台 /32
　　　　二、凝练科研方向 /32
　　　　三、充分发挥"老"带"新"作用 /33

第二节　工商管理学院 /34
  一、推进科研与教学融合，以科研促动教学 /34
  二、推动多学科融合，以提高研究成果质量 /34
第三节　机械工程学院 /34
  一、注重团队建设，发掘和培养研究型人才 /35
  二、主动服务企业，提高教师科技研发能力 /35
  三、多措并举，引导学生开展创新研究 /36
第四节　信息工程学院 /36
  一、注重科研平台建设，以科研带动团队建设 /36
  二、激发学生科技创新兴趣，引导学生参与科研 /37

成果篇

第一章　2011～2017 年成果 /41

第二章　骨干风采 /47

第三章　部分优秀项目和成果 /54

第一节　部分横向项目简介 /54
  一、基于"互联网+"的食品流通监测控制平台 /54
  二、基于 SOA 架构的分布式慕课管理系统 /54
  三、基于物联网多源信息融合监测的煅烧工业最佳效能控制系统 /54
  四、太阳能光伏家庭室内 LED 照明节能技术开发 /55
  五、星斗商务网联管理及智能交易终端控制系统的研究开发 /55
  六、装配式节能基站设计研究 /55
  七、基于嵌入式 Linux 的智能分布式防窃电管理系统 /55
  八、基于人体亚健康的大数据中医养生诊断系统研制与开发 /56
  九、基于 LINUX 的嵌入式 LED 亮化节能控制器的研究开发 /56

第二节　部分专利简介 /56
  一、彩色 3D 打印机喷头（ZL201520092886.3）/56
  二、一种新型固定式可伸缩通用型叠板机（ZL201520092866.X）/57

三、一种移动式节能节水型大田灌溉系统
（ZL201420544384.9）/57

四、高效率复合式铁芯绕组发电机（ZL201520174304.X）/58

五、高效率嵌套式铁芯绕组发电机（ZL201520174360.3）/58

六、一种彩色3D打印机挤出喷头（ZL201420840040.2）/59

七、一种户外写生支架（ZL201610276447.0）/59

八、一种多功能衣柜（ZL 201511016009.2）/59

九、人性化照明笔（ZL201420786974.2）/60

十、一种绘画临摹专用装置（ZL201520100980.2）/60

十一、一种金属管道修直装置（ZL201310498161.3）/60

十二、塑料管弯曲修直装置（ZL201310498021.6）/60

十三、自行车转弯自动提示装置（ZL2201320380796.9）/61

十四、一种折叠便携式感温提示勺（ZL201420260971.5）/61

十五、一种医用输液自动止流与提醒装置（ZL201620165517.0）/62

十六、一种基于静电除尘技术的防尘纱窗（ZL201621070730.X）/62

十七、一种速冻油及应用它的雪莲果速冻馅（ZL201510714806.1）/63

十八、手自一体式家用面条机（ZL201520711663.4）/63

十九、一种多用途微量滴定装置（ZL201620109158.7）/64

二十、一种葡萄酒软木瓶塞（ZL201620222968.3）/64

二十一、一种用废弃塑料桶制作的舀水工具（ZL201620109164.2）/64

二十二、一种用废弃搪瓷碗制作的舀水勺（ZL201620109160.4）/65

二十三、一种新型住宅太阳能供暖系统（ZL201520552046.4）/65

二十四、建筑物太阳能光电光热利用系统（ZL201520552069.5）65

二十五、一种用于窑居建筑的除湿通风系统（ZL201620263030.6）/66

二十六、一种桥梁支撑装置（ZL201520887913.X）/66

二十七、换热器运行辅助系统及使用该系统的换热器系统（ZL201410045643.8）/66

二十八、幼儿使用的粥杯（ZL201620220911.X）/ 67

二十九、轻便钢板材吊具（ZL201520219432.1）/ 68

三十、一种电气设备新型防触电插头（ZL201420761112.4）/ 68

三十一、一种基于单片机的现场可编程智能控制系统
（ZL201320721975.4）/ 68

第三节　部分纵向项目简介 / 69

一、高等教育中立德树人根本任务实现路径和工作机制研究（教育部人文社会科学研究项目 13JDSZ2030）/ 69

二、产业集聚区运行机制的研究（河南省软科学研究计划项目 132400410197）/ 70

三、培育中原经济区核心竞争力的科技人才战略构想（河南省软科学研究计划项目 122400410028）/ 71

四、"校园足球"决策下河南建业足球俱乐部发展模式研究（河南省软科学研究计划项目 172400410137）/ 73

五、供给侧视阈下本科经管类专业应用型人才培养的理论与实践探索（河南省哲学社会科学规划项目 2016BTY025）/ 74

六、河南省独立学院学生体质测试研究（河南省哲学社会科学规划项目 2016BTY015）/ 75

七、"互联网＋"模式下河南传统纹饰的设计创新及技术应用（河南省科技计划项目 162102410075）/ 76

八、基于"互联网+"的光伏 LED 路灯综合供电节能监测系统开发（河南省科技计划项目 162102210120）/ 78

九、河南省劳动技能人才开发现状及结构研究（河南省政府决策研究招标课题 2015B300）/ 79

十、基于物联网声表面波器件的高压电气设备无源测温系统（河南省科技计划项目 151102210002）/ 81

十一、超临界技术制备 Ru/C 催化剂活性机理及其优化研究（河南省科技计划项目 132300410184）/ 82

十二、河南农村产权流转交易市场体系培育机制与成长动力研究（河南省社科联调研课题 SKL-2015-2638，获优秀调研成果奖一等奖）/ 84

十三、河南失地农民教育培训研究（河南省社科联调研课题 SKL-2016-2864，获优秀调研成果奖一等奖）/ 85

十四、彩色 3D 打印装备系统关键技术研究（河南省科技

计划项目 142102210509）/ 86

十五、数控系统智能故障诊断维修实验平台研制（河南省科技计划项目 132102210389）/ 87

十六、食品机械用润滑油使用中品质变化鉴别方法及质量比较研究（郑州市科技计划项目 141PQYJS557）/ 88

十七、国学热背景下大学生人文素养培育研究（河南省社科联调研课题 SKL—2014—2581，获优秀调研成果奖一等奖）/ 89

十八、郑州市旅游产业集聚水平测评研究（郑州市社科联调研课题 ZSLX2016904，获社科优秀调研成果一等奖）/ 91

十九、栅栏技术在鲜腐竹保藏中的应用研究（郑州市科技计划项目 141PPTGG413）/ 92

二十、政策环境、网络规模对农民创业意愿影响的实证研究（河南省教育厅人文社科项目 2017-ZZJH-570）/ 93

二十一、沈从文小说中的悲剧意识研究（河南省教育厅人文社科项目 2015-QN-540）/ 94

二十二、集成 RTCP 技术的桌面级五轴联动数控机床的研制（河南省高等学校重点科研项目 17B460010）/ 95

二十三、星斗网联管理及面向服务架构（SOA）的电子商务智能交易终端平台（河南省科技计划项目 162107000011）/ 96

第四节 部分获奖成果简介 / 97

一、《大学生敬畏法律意识培育探析》系列成果（第五届河南省发展研究奖三等奖）/ 97

二、完善民办高校党建工作的对策思考（2013 年度河南省社会科学优秀成果奖三等奖）/ 99

三、高校立德树人实现路径思考与探索（2014 年度河南省教育厅人文社会科学研究成果奖一等奖）/ 99

四、货币供给和 CPI 关系的实证分析（2014 年度河南省教育厅人文社会科学研究成果奖一等奖）/ 100

目 录

创新创业篇

第一章 创新创业工作稳步推进 / 105

第二章 创新创业机制保障有力 / 107
  一、建立完善的保障机制 / 107
  二、人员、场地及设施保障充分 / 107
  三、提供充裕的经费保障 / 110

第三章 创新创业管理规范有序 / 111

第四章 孵化基地建设成效初显 / 112

第五章 创新创业文化彰显特色 / 116

第六章 创新创业教育体系日臻完善 / 122
  一、修订人才培养方案 / 122
  二、构建创新创业课程体系 / 122
  三、自编创新教育专业教材 / 122
  四、教师选配与培养 / 123
  五、完善创新创业导师配备 / 123
  六、实施大学生创新创业训练计划 / 123

第七章 创新创业教育硕果累累 / 125
  一、创新成果突出 / 125
  二、学生创业成果逐年显现 / 125

第八章 创业新秀崭露头角 / 127

历程篇

第一章 发展历史

第一节 历史沿革

一、打基础阶段（2001～2011）

从 2001 年学院实施专科学历教育以来，校领导就开始重视研究工作。为把学生培养出"又红又专"的专业技能型人才，学院不断加强师资队伍建设，提高教师教育教学能力。这期间，学院教师主要围绕教育教学开展研究工作，研究教育教学规律、探讨教学方式和方法改革等，其具体管理由教务处负责。

随着学院的快速发展，教师队伍不断壮大，科研工作正式起步，教师开始有意识地从事研究工作，此时研究领域已不再局限于教育教学，各专业领域的研究已逐渐涉及。2007 年 8 月，教务处成立了科研科，具体负责全院科研管理工作，科研工作由主管副院长李利民全面负责。2007 年 12 月按照河南省教育厅要求，正式开始参加一年一度的全国高校科技/社科年报统计工作；2008 年 12 月教务处科研科开启了一年一度的科研统计工作，并编制了《郑州科技学院科学研究成果与立项公报》。

二、扎实起步阶段（2011～2015）

升本以后，学院开启发展的新篇章，内涵式发展是必然。科研工作是民办高校发展的第一生产力，它不仅仅是课堂教学的导航灯、提高教学质量的催化剂，是民办高校凝聚力的磁铁石，也是民办高校培养名师的突破口，更是提高民办高校内涵建设的生长点、促进民办高校发展的动力源。学院领导高瞻远瞩，在强调"一切以教学工作为中心"的同时，树立科研兴校理念，并不断完善管理机制，将科研科从教务处分离出来，于 2011 年 5 月成立了科研处，同时将学报编辑部纳入科研处，为教师开展科研工作搭建平台。本阶段，科研处岗位设置 3 人，处长 1 人，科研管理岗 1 人，学报编辑 1 人。2012 年 4 月，学院成立了应用技术研究中心，挂靠科研处。

科研处成立后，从民办高校实际出发，积极动员教师在搞好教学工作的同时，积极开展科研，不断加强和完善基础设施和制度建设，逐步改善教师从事科研工作条件，使科研管理工作逐渐走向制度化、规范化，某种程度上提高了教师从事科研工作的积极性；不断提高学报的办刊水平，为全院教师提供必要的科研园地，推动了学校科研的开展，扩大了学校外联和影响。期间，科研工作取得了较为显著的成效，科研成果数量不断增加，质量也不断提升。

三、稳步发展阶段（2015～2017）

"大众创业、万众创新"是新时期最鲜明的时代主题，是国家实施创新驱动发展战略的重大举措。为适应新的改革发展形势，加强创新创业工作，推进学院创新创业进程，促进学院转型发展，建设示范性应用型大学，学院逐渐重视学生创新创业工作，并由专人负责新创业管理工作。随着学院发展需要，2015年8月创新创业工作归入科研处，科研处进行了机构重组，由综合管理办公室、成果管理及推广办公室、大学生创新创业管理办公室、社会科学研究管理办公室、应用技术研究中心、学报编辑部六个办公室组成。科研处岗位设置9人，处长1人，学报编辑部主任1人，副处长1人，管理岗5人，学报编辑1人。

2016年10月，应用技术研究中心撤销，但其工作职能仍归科研处。

2017年4月，因学院进行机构调整，学报编辑部从科研处分离出去。科研处岗位设置7人，处长1人，副处长1人，管理岗5人。

第二节 工作职责

随着科研处的不断发展壮大，管理机制不断完善，职责范围越来越丰富，工作职能越来越明晰，具体如下：

1. 组织贯彻上级的科技规定和目标任务。探索民办高校科研规律及运作机制，不断完善适合学院实际的科学、规范的科研工作体系。

2. 制定学院科研规划和科研计划。制定、完善科研工作各项管理制度和奖励政策。

3. 负责科研项目的过程管理。组织项目的申报、审查、报批，负责项目的组织实施、检查验收等。

4. 负责科研成果管理和奖励。组织科研成果的验收和鉴定，负责专家聘请、鉴定验收工作组织与协调、成果审批审查。负责科研成果奖励的申报、校内奖励的评审、授予等。

5. 负责知识产权保护。组织专利申报工作，促进知识产权保护。开展专利知识普及、发明创造宣传活动。指导开展科普、实践活动等工作。

6. 负责科技成果的转化，对外服务工作。组织科技成果向教学、生产的转化，为人才培养、经济建设服务。负责产学研科技项目的立项与管理。

7. 负责科技合作工作。组织开展校企科技合作、平台建设、创新创业、产学研开发等工作。

8. 指导科研平台（中心、研究所、站、室）建设。参与组织开展科技创新活动、创新基地申请、审查、报批，参与管理创新基地建设。

9. 指导科技团队、人才队伍建设。参加制定发展规划和培养计划，推举优秀人才、落实培养政策。

10. 负责科协技术协会的管理工作，协助各二级协会和大学生科技创新协会相关工作。负责大学生科技创新项目的管理。

11. 负责大学生创新创业管理工作。制定和完善大学生创新创业工作的各类规章制度，承建与管理创新创业学院。

12. 负责大学生创新创业团队建设，承担和指导创新创业活动中的创新创业项目及创业训练的管理。承担大学生创新创业教育和培训的规划、组织与实施工作。

13．负责大学科技园、大学生创新创业园的日常管理服务工作，负责科技孵化器、众创空间等创新创业载体的运营与建设。承办大学生创新创业证的申领、审查与发放。

14．负责学术交流活动管理。组织校内大型学术交流活动，协助校内单位开展学术交流工作。

15．负责院学术团体的管理。组织入会申请、审查、报批，对团体、个人会员进行管理，检查活动开展与落实情况。

16．负责学报出版工作。承担组稿、初审和稿件送审工作，负责教育教学类稿件的审稿、校对、排版，办理稿费、审稿费发放，承办对外交流、学报交换、学报年审等工作。（2017年此职能取消。）

17．负责科技学术学风建设，制定规划、制度，受理举报、承办调查处理等工作。负责向上级主管部门报告工作。

18．负责科研成果的统计。组织科研成果的统计、数据综合分析，负责普通高校科技/社科统计年报数据的录入、提交上报工作，编制与印发学院成果公报。负责科研量化的统计审核、通报与奖励工作。

19．负责科研、学术交流档案过程建设。收集、整理科研项目、成果技术材料和学术交流材料，承担科研学术档案归档工作。

20．参与承办院学术委员会秘书处相关工作。组织开展科技、学术工作专项活动。

21．承办院领导交办的其他业务工作。

22．承担组织上安排的教学任务、科研任务。

第二章 工作概况

随着社会经济的发展，科研上的创新与强化，不仅是提高民办高校教育教学质量、提升办学层次和水平保障的基础，更是民办高校未来发展的重要部分。一所民办高校的体制完善与否、教育教学质量的优与劣，科研工作是其中重要表现之一。如何从根本上提高教师队伍的建设与教育质量水平，设定适应民办高校自身发展的科研工作，并积极开展相关工作是最基本的途径之一。

学院领导十分重视科研工作，近年来，尤其是升本以后，学院不断加强和完善科研基础设施建设，不断加大科研投入力度，逐步改善教师从事科研工作条件；科研处在学校党政及分管院长的正确引领下，结合学校建设和发展目标，积极动员教师在搞好教学工作的同时，积极开展科研工作，不断完善科研管理制度，使科研管理工作逐渐走向制度化、规范化，提高了教师从事科研工作的积极性；大力开展对外科技合作与科技成果推广转化，提升我校科研社会服务职能；坚持以人为本，以项目建设为抓手，内引外联，牵线搭桥，强化服务理念，创新服务方式，开创创新创业新局面；不断提高学报的办刊水平，为全院教师提供必要的科研园地，推动了学校科研的开展，扩大了学校外联和影响。近年来，学院科研工作取得一定成效，科研成果数量稳步提升，成果质量不断提高。

第一节 科研项目和成果数量逐年增加 质量不断提升

民办高校科研起步晚，基础薄弱，教师科研能力较弱，为提高学院科研整体水平，科研处通过不断完善管理制度、规范管理，加强动员和宣传，加大科研项目资助和成果奖励力度，注重项目申报和项目过程管理、严把质量关等措施，学院科研实现了从无到有，从追求数量到追求质量的过渡，科研项目和科研成果日常管理逐渐规范，教师科研意识明显增强、积极性得以提高，科研项目和科研成果质量、数量逐年增加。在全院教职工的共同努力下，2008～2017年共主编或参编教材、著作408部，公开发表学术论文3352篇，承担科研项目1039项，独立或参与完成鉴定成果62项，各级各类获奖成果1075项，获得国家授权专利339项、软件著作权86项。

第二节 成果推广与转化扎实推进

在产学研合作方面，先后与郑州科兴电子信息科技有限公司、郑州科发电子科技有限公司、郑州威科普电子科技有限公司、河南省星斗电子科技有限公司签署横向委托开发项目，签署委托开发资金达294万元，同时设立"郑州科技学院产学研合作基地"和"郑州科技学院成果转化基地"；并与郑州路宏铁路器材有限公司签订技术合作框架协议；与河南省欣欣印务股份有限公司、河南省加加油农业科技有限公司、河南睿达金融投资有限公司达成合作协议，将建立深层次合作。申报河南省产学研合作项目并获立项9项，资助经费146万元，并获批"河南省省级产学研合作试点项目"；与政府对接，服务辖区企业发展，与临颍县科学技术局签订技术服务协议，协助辖区企业快速发展，签订技术服务合同30万元，由于产学研合作成绩突出，获"中国产学研合作促进奖"，并入围"中国最好大学排名-科技服务排名"。在成果转化方面和技术服务方面，与漯河临颍产业集聚区河南省应天电子科技有限公司签订成果转化协议，成功转化"一种基于LED发光芯片的微小物体取证显示系统""一种便携式电池组故障测量判断装置"等成果。组织成立了"郑州科技学院知识产权中心"，开展知识产权的申报、咨询、知识产权讲座以及知识产权信息的发布等相关工作，获批国家知识产权专利电子申请资格；并且申报成立"知识产权培训远程教育分站"，顺利举办了第一批知识产权培训班，参加培训200多人。

为深入贯彻实施《教育部 科技部关于加强高等学校科技成果转移转化工作的若干意见》，更好地服务企业经济发展，学校设立专项资金，依托河南威达兴商企业管理咨询有限公司为运作载体成立了技术转移孵化中心，2017年获批"郑州市技术转移服务机构"，并获资助经费30万元。中心不断推动科技成果转移转化，助力区域产业升级；不断探索机制体制创新，为创新创业营造良好的氛围；不断完善技术转移服务平台，成立"河南威达兴商中小企业服务平台"，为技术供需双方提供全方位的科技服务，并加入中国技术转移产业创新联盟，成为"中国技术转移产业创新联盟会员单位"。中心不断进行市场化探索，分别与北京恒冠智创知识产权代理有限公司、北京东鹏知识产权代理有限公司、河南省863软件孵化器有限公司、中国科技咨询协会开展技术转移合作。

第三节 基础平台作用日益明显

科研平台是高校学科建设、人才培养和开展科学研究的载体。为进一步推进学院科学研究工作，增强学院科技创新能力，学院非常重视基础平台建设，成效比较明显。一是研究机构建设有新突破。为实现每个教学单位均有研究机构的目标，科研处积极组织筹建院级研究机构。目前院级研究机构已达到19个，基本上覆盖了所有院系部。在校内研究机构建设的基础上，不断进行升级建设，申报省市研究机构、平台建设。目前有郑州市重点实验室建设2个，河南省高校工程中心1个。二是科普基地建设成绩显著。为提高学院师生的科学文化素养，同时为提高全民众的科学文化素养尽一分力量，学院不断整合优势资源，加强科普基地建设，成绩显著。2017年度，学院科普教育基地先后被郑州市科学技术局认定为"郑州市科普示范基地"、被河南省科学技术协会认定为"河南省科普教育基地"、被河南省科普教育示范基地创建领导小组办公室认定为"河南省科普教育示范基地"。依托学校"科普教育基地"，多次参与二七区、郑州市举办的科普广场日各种宣传活动。数次活动中，以现场实物演示、展板宣传、散发彩页等形式向广大市民宣传了太阳能新能源、3D打印技术、智能机器人等科普知识,受到了市、区领导的一致认可。2017年3月,获中共河南省委宣传部、河南省精神文明建设指导委员会、河南省教育厅、中国共产主义青年团河南省委员会、河南省全民科学素质工作领导小组办公室、中国共产主义青年团河南省委员会、河南省全民科学素质工作领导小组办公室、河南省科学技术协会联合授予"河南省青少年科学素质知识竞赛优秀组织奖"。2017年5月,获郑州市二七区人力资源和社会保障局、郑州市二七区科学技术协会、郑州市二七区科技局"二七区科普工作先进集体"荣誉称号;2017年7月,科技部政策法规与监督司授于学院"科研机构和大学向社会开放"先进单位荣誉。

第四节 创新创业逐见成效

在高等学校开展创新创业教育,积极鼓励高校学生自主创业,是服务于创新型国家建设的重大战略举措;是深化高等教育教学改革,培养学生创新精神和实践能力的重要途径;是落实以创业带动就业,促进高校毕业生充分就业的重要措施。全校上下从战略的高度,充分认识开展此项工作的重大意义,增强责任感和紧迫感,提高思想认识,狠抓工作落实,全面推进我校大学生创新创业教育和自主创业工作深入开展,近三年,创新创业工作取得了可喜的成绩。

为加快推进我校创业工作,向创业学生提供更好的创业服务,根据《教育部关于大力推进高等学校创新创业教育和大学生自主创业工作的意见》(教办〔2010〕3号)和《河南省人力资源和社会保障厅 河南省财政厅关于进一步加大大学生创业扶持力度的通知》(豫人社就业〔2014〕31号)等文件精神,统筹做好我校创新创业教育、创业基地建设和大学生自主创业工作。

以学生为本,遵循人才成长规律和教育教学规律,尊重差异,分类指导,提高创新创业教育的专业化水平;以市场为导向,按照现代社会与市场经济对人才的要求,着力培养大学生的创新精神和创业意识;以体验为基础,引导大学生依托专业优势积极参加创业实践,提高创业能力;以服务为载体,加强创业指导与服务工作,发挥创业带动就业的倍增效应;以项目为平台,通过具体项目,引导学生进行创业实践,体验创业过程,提升创业的基本素养和基本能力。

充分发挥学校、教师、学生各方面的优势,结合地方经济社会发展实际,把地方产业需求转化为大学生创业项目,学生在教师的辅导帮助下实现成功创业,服务地方经济社会发展。通过市场引导、组织推动、政策扶持、社会支持,深入开展创新创业教育,稳步推进大学生自主创业工作,促进大学生全面发展,不断提高人才培养质量。

第五节 学报办刊质量稳中有升

学报自创刊以来,学报编辑部以提高出版质量为核心,以确保稿源为前提,不断加强学报建设，学报出版质量得到不断提升，2011年和2013年在全国民办高校学报交流会上，分别荣获"全国民办高校优秀期刊""全国民办高校学报二等奖"。

1．认真组稿、严格审查，确保出版质量。为使学院学报向更高层次发展，学报编辑部在积极组稿、保证稿源的同时，严格执行"三审三校"制，注重出版质量，确保学报起到宣传学校和展示师生学术成果的作用。

2．不断调整栏目，突显民办高校特色。学报编辑部根据学院学科、专业特点和学校办学特色，不断探索特色栏目，加大学报宣传力度，扩大稿件遴选范围，有力地支撑了学报学术质量的不断提高。

3．多方联系，扩大交流。学报在坚持特色化发展理念的同时，加强了与兄弟院校的合作与交流，先后与数百家不同类型的学报建立了健康、良好、持久的联系。

4．实现自主编辑，办刊质量得到提高。2016年学报实行内部体制改革，扩大校内编辑队伍，取消校外编辑，实现了校内自主编辑学报。自主编辑学报不仅节约了编辑成本，减少了繁缛程序，而且大大降低了出错率，提高了学报质量。

2007～2016年，学报编辑部共出版学报40期，刊登论文659篇。其中出版我院大学生优秀毕业论文设计专刊4期，刊登优秀毕业论文57篇，出版应用型大讨论论文专刊1期，刊登论文14篇。

第三章 大 事 记

2007年6月,郑州科技学院学报创刊。
2007年11月,教务处科研科成立。
2011年5月,科研处成立。
2011年12月,学报被评为"全国民办高校优秀期刊"。
2012年9月,学院成果《创先争优的现实思考——以郑州科技学院为例》首次获得河南省社会科学优秀成果奖三等奖。
2013年5月,郑州科技学院科普基地启动建设。
2013年5月,继2011年《民办高校基层党建工作创新研究》获得教育部人文社科项目以来,学院再次获得教育部人文社科项目(《高等教育中立德树人实现路径和工作机制研究》)。
2013年9月,再次获得河南省社会科学优秀成果奖。
2013年10月,我校郑州市机电智能化重点实验室被认定为郑州市工程技术研究中心,并获得30万元支持经费。
2013年11月,获批"郑州市二七区科普示范基地"。
2013年11月,郑州科技学院大学生创新创业孵化园启动建设。
2013年12月,学报获得"全国民办高校学报二等奖"。
2014年5月,大学生创新创业孵化园投入运营。
2014年11月,正式实施《郑州科技学院科研工作量计算办法》,对学院教职工的科研工作进行量化考核,并与成果奖励直接挂钩。
2015年1月,首次获得河南省发展研究奖。
2015年4月,获"二七区科普工作先进集体"。
2015年5月,获批"河南省青少年科普教育基地"。
2015年6月,大学生创新创业孵化园获批"郑州市大学生创新创业孵化园"。
2015年9月,成立"郑州科技学院知识产权中心""郑州科技学院大学科技园"。
2015年10月,成立"郑州科技学院技术服务中心"。
2015年10月,我校与河南瑞创通用机械制造有限公司(中联重工)人才培养项目入选2014-2015年度河南省校区合作奖励补助资金项目。
2016年2月,获河南省青少年科学素质大赛优秀组织奖。
2016年6月,获批"郑州市创新创业教育首批示范院校"。
2016年8月,获批全国民办高校"创新创业教育实践实训基地建设奖"。
2016年9月,获批"郑州市创业培训示范基地"。
2016年10月,成立"郑州科技学院技术转移孵化中心"。
2016年10月,首次获得河南省哲学社会科学规划项目立项。
2016年11月,郑州科技学院第一期专利撰写申请实务培训班开班。

2016 年 11 月，首次获批"省级产学研合作试点项目"。
2016 年 11 月，获批"郑州市科普教育基地"。
2016 年 11 月，获中国产学研合作促进奖。
2016 年 11 月，大学科技园获批"郑州市科技企业孵化器"。
2016 年 12 月，被河南省教育厅评为"河南省就业创业课程建设优秀高校"。
2017 年 1 月，获批郑州市科普示范基地。
2017 年 1 月，获批河南省科普教育基地。
2017 年 3 月，成立"郑州科技学院成果登记中心"。
2017 年 4 月，获河南省青少年科学素质大赛优秀组织奖。
2017 年 5 月，获批"河南省科普教育示范基地"。
2017 年 5 月，我校与郑州市人力资源和社会保障局"共建创新创业学院、共推创新创业综合孵化载体建设、共同组织开展创业培训"等方面签订战略合作协议，并在我校设立"大学生职业技能培训工作站""大学生创业指导服务工作站""大学生创业培训工作站"。
2017 年 5 月，获"郑州市科技创新工作先进集体"。
2017 年 6 月，我校正式成为由教育部、清华大学组建的国家级智库"中国高校创新创业教育联盟"理事单位。
2017 年 7 月，获批"郑州市技术转移服务机构"。
2017 年 9 月，获批"河南省技术转移示范机构"。
2017 年 10 月，获批"郑州市众创空间"。
2017 年 10 月，获批"河南省高校众创空间"。
2017 年 12 月，获批"河南省众创空间"。
2017 年 12 月，获批"河南省创业孵化示范基地"。

管 理 篇

第一章　明确定位 促进科教融合

相对公办高校，民办高校科研发展相对比较缓慢。其原因之一是科研意识薄弱，思想认识不足。多数民办高校对科研的定位认识不足，认为民办高等院校应定位在教学型高校，以教学为中心。而大部分教师的科研意识也比较薄弱，认为只要把课本上的专业知识和基本的专业操作技能传授给学生，使学生顺利地进入就业市场即可。只要把教学工作做合格，搞不搞科研都无所谓。有些老师做科研带有功利性，或为评职称，或为资助经费。

实际上教学与科研是可以互为补充、相互融合的。科学研究可以丰富教学内容，活跃教师的学术思想；教师通过开展科研活动，及时了解本学科在学术方面的前沿信息，更加容易地将自己的研究成果渗入到课堂教学中，从而激发学生的学习兴趣。此外，开展科学研究是高校的重要职能之一，科研水平是衡量高校整体水平的重要指标。

近年来，我国民办高校科研水平进步明显，科研建设有效地提升了民办高校教学质量和社会服务能力，但我国民办高校科研水平存在区域发展不平衡的现象，当前我国民办高校已经到了需要高度重视科研的阶段。民办高校领导应"克服应用型高校不需要科研"的片面认识，切实加强对科研工作的指导，培育一支能研究、善应用的教师队伍；二是要关注、支持科研工作，加大经费投入，创造更加良好的科研环境，增强激励和引导；三是应找准定位，发挥优势，突破重点；四是扩大资金来源，通过各种途径获得来自政府和社会的支持。

由于条件所限，作为民办高校，学院科研工作起步较晚、骨干力量较缺、项目渠道较窄，科研工作发展相对较为缓慢。但是，学校没有因为这些而放松科研工作，相反，学校积极创造条件，鼓励教师从事科学研究。通过不断强化教学、科研两条腿走路、以科研促进教学的理念，健全科研管理机构、完善管理制度，不断加强科研基础设施建设、平台建设和科研队伍建设，不断完善科研激励机制、加大科研支持力度和成果奖励力度等措施，"科研兴教、科研兴校、科学育人"思想逐步深入人心，教师和学生参加科学研究积极性得到极大提高，队伍建设也实现了由"单打独斗"的散兵作战向优势互补的团队攻坚的转变，科研项目和成果数量迅速增加，科研项目和成果质量也不断提升，成果转化和服务社会也取得了较为显著的成效。不仅如此，学校还逐渐形成了科教融合的局面，一是教师把在科研工作中积累的经验带到课堂，把科研中获得的新知识及科研新成果及时融入教学中，丰富了课堂教学内容，提高了课程教学质量；二是教师注重将科研成果融入教学的教学方式，培养了学生的创新意识、创造性思维及创造性个性，使学生创新性的想象力、判断力、思维能力和实践能力得到了提高，为今后走向社会能够持续创造性地工作打下了扎实基础。

第二章 转变思路 树立服务理念 提高管理效率

第一节 完善制度 规范管理

科研管理制度是科研工作正常开展的依据和保障，能为科研管理工作营造健康有序、公平竞争、公正平等的良好环境，促进科研管理步入科学、规范、有序的发展轨道，也是保证科研管理规范化、营造良好学术氛围、提高科研工作效率、全面提高科研水平、提升科研创新力和加大科研成果产出、增强社会服务能力的有效措施。因此，高校重视并加强科研管理制度建设对高校科研工作健康规范、高效有序地开展具有重要实践价值和现实意义。作为民办高校，因科研起步晚，又急需加快内涵建设，因此建立健全科研管理制度，改革高校科研评价制度，发挥科研正确导向作用更是当务之急。

"无以规矩，不成方圆"，为确保学院科研工作规范有序开展，提高科研质量和科研创新能力，营造科学研究氛围，展示学院科研特色，推进产学研结合，更好地服务区域经济社会发展，科研处从科研项目、科研成果管理到知识产权保护、科技成果转化、对外服务等，出台了系列规章制度。在制定制度前，广泛调研，征求广大教师意见；制度正式发布后，先试行1~2年，并在试行过程中关注制度的缺陷和教师们的意见和建议，并根据建议对制度进行再次修订，这样才算完成一个制度的建设。制度形成后，注重学习和宣传，不仅让学校层面管理者，而且让二级学院科研工作负责人熟知，更重要的是让从事科研工作的每位教师了解每个科研管理制度。因此，制度都得到了很好的贯彻、落实。

科研项目管理关系着高校科研成果的质量。科研项目管理主要是指在有限的资源条件下，采取有效的措施，保证科研项目的立项、实施、完成质量以及经费的合理利用。科研处对学院获批的各级各类科研项目、校级的科研项目（包括大学生科技创新研究项目）以及横向项目，从立项申报、经费资助、结项、经费使用等过程制定了较为完善、合理、切实可行的管理制度，如《郑州科技学院科学（技术）研究计划管理办法》《郑州科技学院横向项目管理办法》《郑州科技学院科研项目结题管理办法》《郑州科技学院大学生科技创新研究项目管理办法》《郑州科技学院科研项目经费资助标准》《郑州科技学院科研经费管理办法》。这些制度确保了对所有立项项目的实施过程进行全程监控，也确保了立项项目的完成质量。

科研评价和激励机制决定着科研工作能否顺利、有效地开展。制度的规范和高效的管理，能最大限度地发挥科研资源的有效配置调动科研人员的积极性。良好的科研制度对科研活动及从事科研的教师有着重要的激励和导向作用。作为民办高校，科研起步较晚，教师科研基础较薄弱，不少教师在项目立项阶段比较积极，而忽视了项目的成果质量以及将研究成果转化为社会效益。因此，学院不断加强对科研成果质量的重视，以多出高水平、创新性科研成果为立足点，不断对现行科研评价制度进行改革和完善，加大对高水平科研成果和成果转化的奖励力度，建立了以质量为基础导向、有利于自主研究以及益于取得创新性科研成果的科研评价制度和激励机制，出台了《郑州科技学院对外科技服务管理办法（试行）》《郑州科技学院科研项目经费资助标准》《郑州科技学院科技成果转化管理办法（试行）》《郑州科技学院科研工作量计算办法》《郑州科技学院科研成果登记办法》《郑州科技学院科研成果奖励办法》。这些文件的出台，使管理工作更加规范化、程序化、科学化，提高了学院科研工作整体水平。主要的表现是科研激励机制调动了积极性，提高了高层次成果的奖励力度，降低或取消了低层次的奖励，更具刺激性；逐渐建立了数量与质量并重、以质量为主的科研考核评价体系，科研劳动的认可更加科学。

第二节　创新管理手段　考核指标化　管理信息化

为调动教师积极性，同时提高管理效率，科研处不断探索创新管理手段，在科研量化考核上，用奖罚引导教师科研努力目标，年度科研业绩按职称分类型（高级、中级、初级）定指标，对单位和个人都实行量化，对达不到规定任务的，取消个人所有科研成果单项奖励；对科研工作完成较好的单位给予奖励，奖励以学术活动经费形式体现，用于教师开展科技活动，一份经费多项用途，既调动了部门和教师个人积极性，又提高了经费利用率。

为提管理效率，2012年就积极参与了教育厅面向全省高校的科技管理信息化建设，使我校成为河南省高校科技管理云服务平台共建单位之一，并成功实现了成果管理在云服务平台中进行。2017年，为使考核量化更加规范、精准、高效，科研处又委托教育厅科技管理云平台开发公司在学院科研管理云服务平台增加科研量化考核模块，改变量化手动操作、实现成果统计与量化考核同时在云平台中进行，教师只需录入一次，系统便可自动汇总个人和部门的成果、量化结果，实现了成果管理、量化考核的无纸化管理。

第三节　树立服务意识　管理细节化

管理部门，其实也是服务部门。科研管理工作目的就是为学院全体师生开展科研工作搞好服务。因此，科研处不断转变工作作风，提升服务理念，增强责任感和服务意识，要求每位同志注重管理细节，对所有从事科研工作的老师和学生做到一丝不苟，主动服务，用心服务：对他们的疑问耐心解答，对他们的申报材料细心审核，对他们的不足贴心反馈。科研处的服务不仅得到广大教师的认可，也大大提升了管理效率。

第三章　动员宣传　分类引导　注重项目质量

高校科研项目管理是目前高校科研工作中越来越重要的一环，对高校科研工作的顺利开展有深远作用。学院非常重视科研项目管理工作，从立项到结项都严格把关。

第一节　加大项目申报组织、审核力度　严把质量关

为确保学院教师申报项目的及时性，科研处时刻保持信息畅通，及时了解上级主管部门动态，捕捉申报动态，关注各种申报通知，认真领悟上级部门下达的通知精神，第一时间向我院师生传达申报信息，并积极动员教学单位和相关业务处室开展申报工作。为提高项目立项率，申报时实行三级预审机制，即同行专家预算、所在部门预审、科研处预审，并严格贯彻落实，确保申报质量。对于专家和院系预审通过的项目，科研处再逐一从申请资格、研究队伍、论证内容等方面进行审核。对于论证较好的项目，予以推荐上报；对于论证较差的，提出反馈意见，修改合格后予以推荐上报；对于论证很差的，不予推荐上报，但仍提出修改意见，以帮助教师提高申请书书写质量。

与此同时，不断加强立项申报和审批的公开与公正性，让每位有资格申报的教师都能获得平等的从事科研的机会，彰显科学研究的尊严与对学术的尊重。对每位有申报资格的教师的申报材料一视同仁，有时甚至会对年轻教师的项目给予倾斜。另外，对于拟申报的项目一律进行网上公示，公开征求意见。对于立项的项目一律上网公示，由全体教职工监督。正是因为这样，学院教师申报项目积极性大大提高，各级各类项目申报数量都是逐年增加。

截至目前，学校组织申报过的课题涉及国家自然科学基金项目、国家社科基金项目、教育部人文社科项目、全国教育科学规划课题、河南省哲学社会科学规划项目、河南省政府决策研究招标课题、河南省科技计划项目、河南省高等教育教学改革研究项目、河南省教育科学规划重大招标课题、河南省高等学校重点科研项目、河南省教育厅人文社科项目、郑州市科技计划项目、郑州市教育教学改革项目、河南省住房和城乡建设厅城市科学研究课题、河南省大中专毕业生就业创业研究课题、河南省教育技术装备与实践教育研究课题、河南省教育科学规划课题、河南省社科联调研课题、河南省社会科学普及规划项目、郑州市社科联调研课题、郑州市教育科学研究课题、河南省综合治理课题、河南省知识产权软科学研究项目等各级纵向项目和校级科研项目、大学生科技创新研究项目共25类。2008～2017年，学院承担了各级各类项目共计1039项。

第二节　加强立项项目过程管理
提高结题率和成果质量

　　学院科研项目数量在近几年不断倍增，对立项项目的过程管理尤为重要。科研项目本身具有执行周期长、研究结果不确定的特点，而有些教师本身又有重申报、轻结题思想，为避免出现立项项目不结项、科研项目结题率低的问题，确保立项项目按时保质地完成，上级立项下达后，科研处及时下达项目任务书给各个项目承担单位，并对项目实施阶段、中期检查阶段、项目结题验收阶段等整个研究过程进行实时监控，督促项目严格按照研究计划实施。

　　不仅如此，科研处不断加强科研项目管理创新，充分把握科研环境的变化，兼顾社会经济与学校自身的情况，不断丰富科研项目管理制度，加大科研项目资助力度，加强与研究所、企业、政府中的科研管理部门之间的联系，做到"下连教师，上连政府，中间连着企业和机构（科研院所）"。并坚持开展科研项目管理的研究工作，通过研究在理论上有所创新、在制度上有所完善，在实践上更有针对性，在监督中更具灵活性。

　　另外，科研处针对科研项目管理要变"被动"为"主动"，彻底改变以往等着上级指使再开始工作的方式，主动与上级接触，同时下面也要主动与科研项目承担的教师直接接触，时时关注项目的进展情况。结合各类项目研究周期和结项规律，实行结项预警机制，提前提醒教师开始准备结项材料，并对项目提交的结项材料从形式到内容都进行严格审核，确保了学院立项项目的研究质量。

　　2008～2017 年，学院承担的各级各类项目，研究周期结束的项目都能按时完成，结项通过率 98% 以上，其中部分优质项目在评审结项的同时获得不同等级奖项。

第三节　加大项目资助力度
完善项目评价考核体系确保研究成果有效转化

　　科研项目完成质量、取得成果情况，直接关系到学校整体科研工作水平。为保证科研项目能够顺利实施，学院制定了《郑州科技学院科研项目经费资助标准》，根据项目类别、级别、研究的难易程度等，对所有立项目给予一定的资助。这在某种程度上提高了教师申报项目的积极性。与此同时，学院不断完善科研工作评价机制，制定了《郑州科技学院科研工作量计算办法》，将科研项目从申报到结项整个过程纳入考核，加重立项和结项的量化标准，避免了科研项目实施过程的考核与监控流于形式，确保了项目的结题率和研究成果质量。

第四章 加大投入 完善保障和激励机制 调动积极性

科研保障和激励机制是科研活动能否顺利开展的关键。激励机制，其实就是把激励所具有的管理效用进行规划，使得所运用激励方式进行的管理同时满足人性的需求和制度的需求。民办高校的科研管理，其实就是为了促进科研的发展而制定的管理制度。而激励机制的主要作用就是激发一个人的潜力和热情，正常情况下，恰当的采用激励机制，可以有效地把一个人的潜力提升 50%~60%。而民办高校的科研发展主要由人来进行，所以激励机制对于激发科研人员的研发热情以及提升研发人员的潜力方面都会带来巨大的帮助。激励机制不仅能很好的满足民办高校科研人员个人发展的需求，而且能提升学校科研发展的速度和质量，同时对于民办高校科研管理还是具有非常良好的提升作用。

因此，为保障学院教师积极从事科学研究工作，学院从科研经费、科研基础设施和科研环境三个方面来构建科研保障和激励机制。

第一，科研经费的保障。教师开展科研工作需要一定的科研经费。学院充分认识到了科研在学校发展中的重要意义，非常重视科研工作，把科研放在与教学同等重要的地位，不断在科研上进行资金倾斜，支持教师开展科研工作。学院不仅对教师申报立项的纵向项目均给予相应的资助，而且为教师申请横向项目提供平台，例如与政府、企业联合进行科研，争取外界更多资金投入，以有效补充学校科研经费投入的不足。与此同时，制定了《郑州科技学院科研成果奖励办法》，通过有效的制度支持，激发广大教职工的科研积极性，激励他们创造高质量、高层次的学术成果。奖励的成果主要包括论文、著作、教材、获奖成果、专利、著作权等。论文主要根据学术论文发表刊物的级别给予不同额度的奖励，根据论著的字数给予一定额度的奖励；教材教参奖即根据主编参编教材的字数及教材的使用情况进行奖励；课题立项奖即根据课题级别提供配套资金并给予一定的立项奖；结题奖即对于按时结题的课题进行一定的奖励；优秀成果奖即对获得不同级别的优秀教学科研成果给予不同额度的奖励"对教师每年取得的科研成果包括论文、专利、获奖成果、著作、教材等根据成果级别、等级等给予相应的奖励。这些措施极大地调动了广大教职工从事研究的积极性，间接地提高了研究成果质量。

第二，科研基础设施。科研离不开一定的科研物质设施条件，科研物质设施包括科研平台、仪器设备、专业书籍、科技文献及数据等各种硬件。学院不断加强研究机构建设，积极筹建院级研究机构，积极申报省市研究平台，目前院级研究机构已达到 19 个，郑州市重点实验室 2 个，河南省高校工程中心 1 个。学院图书馆藏有大量专业书籍，并购买了知网及检测系统，为广大教师查阅文献提供了便利。

第三，科研环境保障。良好的科研环境是创新思想不断涌现的基础，是科研工作持续发展的保障。科研处积极为教师搭建平台，合理配置资源，不断完善激励机制，加大成果奖励力度，开展有序竞争，不断优化学术环境，加强对优秀青年科研骨干的培养和使用，鼓励教师开展学术交流，有效推动了学院科研水平的提升。

第五章　加大基础平台建设 凸显社会服务功能

党的十九大提出了教育强国和科技强国的目标，在新时代，高校科技战线要深入贯彻党的十九大精神，承担新使命，谋划新征程，加强原创引领，服务国家战略，努力把高校打造成科技成果的发源地，不断向辖区企业输送新的创新源泉，助推辖区企业转型经济发展。大学科技园、技术转移服务机构的建设在开发区和公办院校中起步较早，由于发展基础及条件限制，民办院校很少涉及，学院基础平台建设需进一步加强，在认定起步这些工作建设目标后，对照建设标准逐条分析、创造条件限期补短，集中调配资源，各个击破。经过不到三年的努力，一举拿下市、省级平台11个，获得建设经费525万元，其中创新研发平台1个、转化服务平台2个、创业孵化平台5个、科普宣传平台3个。

一、创新平台成效显著

高校是科技创新的阵地，是科技创新的源泉。近年来，学校创新平台体系不断建设优化与完善，学校设立专项资金购置实验设备，为师生营造良好的科技创新氛围，建设了大学生科技创新实验室，涵盖了电子、计算机、嵌入式、数控、机器人、3D打印、装饰设计等学科，进而创新成果不断出现，获得省级科技创新成果30余项，被省市科技主管部门认定为河南省高校数控加工技术工程技术研究中心、郑州市机电智能化重点实验室、郑州市智能终端信息化控制重点实验室等创新平台，并组织参加了第十九届国际高新技术成果交易会，我校参展的3D打印、五轴数控铣床等得到了社会的认可。

二、社会服务功能稳步跃升

近两年，学校服务社会获得横向经费670万余元，占据学校科研经费的1/3，超过大多数高校（大多数高校横向科研经费均占学校的1/10）。为加速学校科技成果转化，学校建设了大学科技园做为科技成果转化的创新创业园区，使部分成果实现就地转化、快速转化，实现真正意义上的落地。与周边企业开展战略合作，形成产学研创新的协作体系。学校主动与政府、企业对接合作，承办了"郑州科技学院科技创新成果展示"的社会开放活动、承办辖区政府的"面向企业开展知识产权质押融资和科研经费管理"的讲座活动、"人大代表走进校园参观考察科技创新工作"、"郑州市服务企业创新活动"等不同形式的校企交流，加强了校企之间的认识，增强了对学校的社会认可度，使学校与企业实现了零距离，有效推动了科技成果的转化，业直接实现了企业的社会服务，发挥了高校职能。

三、服务机构日臻完善

随着企业社会服务需求的增加，学校为发挥高校社会服务职能，由学校主管领导审批，科研处成立了"郑州科技学院企业技术服务中心"，并建设了"中小企业服务平台"，先后设立"郑州科技学院漯河中小企业服务平台""郑州科技学院新乡中小企业服务平台""郑州科技学院长垣中小企业服务平台""郑州科技学院商丘中小企业服务平台""郑州科技学院信阳中小企业服务平台"等逐步覆盖河南省辖区的中小企业服务网络，有效推进了学校社会服务职能的发展。

四、知识产权创新平台不断完善

教育部、国家知识产权局下达了"关于进一步加强高等学校知识产权工作的若干意见"以及河南省知识产权局联合河南省教育厅共同下发"河南省高校知识产权综合能力提升专项行动工作方案"等一系列文件精神，学校高度重视，强化学校创新能力培养和知识产权保护意识，专门成立了"郑州科技学院知识产权中心"，全面推进学校创新，学校设立专项资金，组织开展了面向全校教师的"知识产权撰写实务培训班"，开班仪式邀请了郑州市知识产权局、区知识产权局领导参加，进一步强化了知识产权的重要性；为全面推广知识产权创新，学校组织了面向学生的"知识产权撰写实务培训班"，使学校知识产权的申报授权量成倍的增长。

五、搭建校内科研平台

为营造教师的科研氛围，学校出资创造条件，利用学校的优势科研资源组建校内研究中心（所），有效推动学校科研团队和科研机构的建设，为申报高层次研发团队和校企协同创新研究中心奠定了基础。学校本着成熟一个发展一个的原则，目前组建"郑州市智能终端信息化控制研究中心"、"物联网技术与应用研究所"、"食品安全检测"等19个，有效推动了学校科研平台建设。

第六章　加强队伍建设　注重内涵发展

　　人是科研活动的第一要素，以人为本、建立稳定的科研队伍是科研活动的基础。科研工作成败的关键取决于科研工作者的基本素质和研究水平的高低。科研队伍建设是高校开展科研工作、凝聚科技实力、提高研究水平的关键。建设具有较高学术水平和能力的科研队伍，不仅有利于知识创新与技术创新，而且有利于教学质量的提高、有利于学校拓展学生生源和学生的就业渠道。高校要开展科研活动，就必须组建相对稳定的科研队伍及相对固定的科研方向。然而，由于民办高校的特殊性，青年教师居多，科研经验较少，且因教学任务较重，教师科研意识比较薄弱，因此，必须加强科研队伍建设。学院积极探索科研队伍建设，保障科研工作持续发展。

　　内培、外引加强科研队伍建设。近几年，学院每年都会引进大批研究生，增强学院科研队伍实力。与此同时还从其他科研机构、高等院校及企事业单位积极引进各类离退休的高职称教师，发挥其帮带传作用，带领和指导青年教师开展科研工作。另外，鼓励教职工走出去、参加学术交流，学习经验。

　　整合内部科研队伍，建立稳定科研团队。科研处依托学院学科建设，不断加强研究机构建设，整合内部资源，合理组建团队。目前，学院已经建有校级研究机构19个，依托这些研究机构组建专业研究团队，在所有校级科研项目申报时要求必须以研究机构名义申报。这不仅大大激发了全体教职工从事科研的积极性，也增强了中青年教师从事科研的信心。

　　设立校级科研项目，促进科研人员快速成长。前已述及，民办高校科研活动起步晚，不少青年老师的科研能力及对新技术的敏感度都有待加强。为加强青年教师培养，促进其快速成长，我们设立了学院校级科研项目，每年拿出一部分专项经费用于支持校级科研项目，可常年申报，并坚持成熟一个发展一个原则。校级项目成熟后，我们择优推荐申报市、省等高级别项目。通过这些项目的开展迅速提高了教职工从事科研的能力和科研水平，使中、青年教师在具体项目研究中得到锻炼和提高，促进了科研人员特别是中青年科技人才的迅速成长。

第七章 鼓励学术交流 营造学术氛围

　　学术交流要实现的是信息的交流。高层次的学术交流有利于提高教师素养。教师通过学术年会、专题论坛、学术沙龙以及学术讲座等形式参加学术交流，可以互相切磋，互相启迪，促进思想的碰撞和观念的更新，增加思维的广度和深度，特别是在学术争鸣的过程中，教师的科研水平更易于得到提升。同时，通过学术交流，可以得到最新的研究方法和学术动态，对教师今后科研项目的申报有积极作用，并及时发现自身的问题与不足，加速自身的成熟。

　　因此，科研处积极鼓励教师参加学术交流活动，营造良好的学术氛围。学院每年对各个教学单位科研工作完成情况进行量化，并根据量化情况奖励完成较好的单位一定的学术交流经费，每年也会根据校内研究机构建设情况给予一定的学术交流经费，这些专项经费专门用于教师参加学术交流活动。学院给予科研项目的资助经费也可用于参加学术交流活动，除此之外，科研处也积极主动承担学术会议，给学院教师参加会议搭建平台，比如2015年承办了郑州市社会科学学术年会，通过承办年会，不仅对学校起到一定的宣传作用，参与年会研讨的广大教师也提高了自身综合素质。

　　近年来，在学院的支持下，各教学单位逐渐意识到学术交流的重要性，也逐渐重视教师的学术交流，教师参加学术交流的人数逐年增加，参加的学术会议层次不断提高。

特色篇

第一章　鼓励学生参加科技活动 提高创新能力

高校是培养高素质合格人才的摇篮。学院科研工作紧扣人才培养需要，以应用人才培养目标为主导，围绕着大学生科技创新、启迪大学生创新思维、提高发明创造能力，引导学生参与科研活动，开展了系列扎实的工作。

一、健全组织，完善制度

科研处与校团委一起筹备成立了郑州科技学院大学生科技创新协会，健全了组织、制定了章程，开展了实质性创新活动。学院是河南省民办学校第一个、河南省高校第二个成立大学生科技创新协会的院校；制定了《郑州科技学院大学生科技创新活动管理办法》《郑州科技学院大学生科技创新研究项目管理办法》，规定了学生科技创新活动在项目申报、经费资助、资源利用、论文发表、专利申请、成果奖励等方面享有与教师同等的待遇。组织的健全、政策的鼓励使得学生参与创新活动的积极性得到了支持和保护。

二、鼓励学生科技创新

为培养大学生科技创新能力，凸显学院应用型人才培养目标，科研处想方设法鼓励学生创新。对学生获批的研究项目给予教师研究项目同等甚至更高的资助，对学生取得的科研成果给予教师同等奖励，对学生申报专利先由代理机构垫付申报费，不受权不收费，授权后从学校奖励中支付申报费，解决学生资金紧张情况。此外，从2014开始，每年将《郑州科技学院学报》第三期作为专刊，专门刊载学生优秀毕业论文。近年来，学院学生科技创新意识不断增强，取得的成果也不断增多：学生发表论文87篇，立项校级研究项目76项，资助研究经费近30万元，申报专利30余项，授权专利12项；2015年，在全国科技创意大赛中，学生黄子帆的桌面彩色3D打印机项目获一等奖，其个人荣获全国十佳科技创意之星。

三、鼓励学生参与教师科研项目

应用型人才培养，突出了学生要具有较强的创新能力和实践能力，而这两种能力的培养除了在教学过程中加大实践环节的锻炼，在很大程度上还是要通过第二课堂来实现。其中积极引导学生参与教师的科研项目是非常重要的一环。学生在参加老师的科研活动过程中，会经历文献查阅、实验与实践的操作、科研数据的整理等诸多锻炼过程；而老师在带领学生从事系列科研活动的过程中，潜移默化地把自己的科研思维等传授给了学生，促进了学生创新思维能力和动手能力的提高，能为其日后的学习和工作打下坚实基础。

因此，我们积极鼓励学生参与教师科研项目，教师科研项目经费可支出部分劳务费，用于补贴学生在调研、实验操作中产生的费用。同时，积极鼓励教师吸纳学生进项目研究团队，对教师指导学生开展科技活动及指导学生取得的科研成果，在科研量化考核中均给予一定的分值。据统计，近几年，有上百名学生参与过教师科研项目。

四、完善创新教育培训体系

大众创业,万众创新是国家战略,社会上的创新创业平台因目的的不同呈现"五花八门"的情况。我们保持清醒的认识,坚持不盲目跟从、不照搬模仿,注重内涵,坚持特色。在孵化园的建设上,统筹规划、综合布局、突出创新环境和文化氛围;在双创教育实践中,打破专业教育与双创教育相分离的教育体系,真正由注重知识传授向注重创新精神、创业意识培养转变,树立"面向全体、立足专业、强化实践、突出创新"理念。首先,围绕学生新思维,注重对学生创新创业意识的培养,将创业教育作为专业课程一部分,进行"嵌入式教学";第二部是面向企业新需求,将创新创业教育融入专业人才培养的全过程,做到"渗透式教育";第三部是紧跟产业新布局,重视创新创业实践平台的搭建和创新创业能力的培育,做到"创新式培养"。 经过 2 年的实质建设,大大提高了学生创新能力,在教育部举办的第三届"互联网+"创新创业大赛河南省省赛中,学院"彩色陶瓷 3D 打印机"团队荣获河南省省赛创意组一等奖。

第二章 推进成果转化 主动服务社会

习近平同志指出:"科技成果只有同国家需要、人民要求、市场需求相结合,完成从科学研究、实验开发、推广应用的三级跳,才能真正实现创新价值、实现创新驱动发展。"在十九大报告中习近平同志强调:"中国特色社会主义进入新时代,我国社会主要矛盾已经转化为人民日益增长的美好生活需要和不平衡不充分的发展之间的矛盾。"

经济发展的不平衡不充分,是由技术发展的不平衡不充分而引起的,科技成果转化率低,技术转移差距大。因此,2017年9月,国务院印发了国家技术转移体系建设方案,为技术转移工作指明了方向,提供了强有力的政策保证。面对技术转移艰巨而又光荣的任务,我们要认清形势,明确任务,增强信心,做出贡献。

一、技术转移拓思路,打造技术转移孵化平台

郑州科技学院技术转移孵化中心(河南威达兴商中小企业服务平台)成立于2016年初,是由郑州科技学院出资以服务区域企业科技创新为目标,主要从事技术转移、科技成果转化的高科技服务机构,也是学校开展科技成果转化、技术转移工作的重要平台。为更好地发挥中心转移转化功能,学校成立了以李利民副校长为组长、科研处杨绪华为副组长的科技成果转化工作领导小组、由齐仁龙任技术转移孵化中心主任,并成立了"河南威达兴商企业管理咨询有限公司"为运营载体。

中心不断科技成果转移转化,广泛与国家级技术转移机构形成战略合作单位,实施科技成果的转化与交流,助力区域产业转型升级,快速发展。在国家省市技术转移政策措施的引导下,中心不断完善技术转移服务平台,为技术供需双方提供全方位科技服务,形成了以"人才集聚、科技创新、科技金融、科技孵化"的较为完善的市场化业务体系。中心力求打造"展示、共享、交易、合作"的一站式、全流程、高端化的科技公共服务平台。提供科技项目、科技人才、科技金融、成果转化与技术交易、资质认定、科技信息、知识产权、科技培训、检验检测、公共平台、科技咨询等一站式窗口服务。不断推动产业化的运作,将高校院所的科技成果优势和企业经营优势相结合,孵化科技型中小企业,推动成果的产业化和企业的规模化。

技术转移孵化工作稳步推进,2017年7月13日,成为省科技厅牵头的"中原技术转移产业创新联盟"会员单位。2017年7月19日,被郑州市科学技术局认定为"郑州市技术转移服务机构",并获财政建设经费30万元。2017年9月27日,被河南省科学技术厅认定为"河南省技术转移示范机构",并获财政建设经费100万元。这是我校首个省级、市级科技部门同时批准建设转移转化平台,标志着我校技术转移服务获得科技部门认可,在民办高校也是首次。

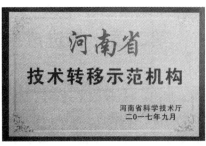

技术转移平台

二、开展科技开放合作，助推企业转型发展

对外服务与合作扎实有效，实现了突破，外部影响扩大。为更好的服务企业经济发展，学校设立专项资金成立了技术服务中心，面向社会开展产学研合作与技术咨询服务工作。在校董事会及主管校长李利民、科研处杨绪华的带领下，工作人员主动走进企业，了解企业需求，在产学研合作上迈出了新的步伐，使学校的产学研合作取得了一定的成绩。

服务企业技术创新，与河南省应天电子科技有限公司、河南省星斗电子科技有限公司、郑州威科普电子科技有限公司等省内企业开展了技术开发合作和设立成果转化基地，为区域企业的转型省级发展提供动力，签订技术开发协议20余项，申报省级产学研合作项目9项，签订技术服务合同400万余元，省资助经费近150万元，并获批"河南省省级产学研合作试点项目"；与政府对接，服务辖区企业发展，与临颍县科学技术局签订技术服务协议，协助辖区企业快速发展，签订技术服务合同30万元，由于产学研合作成绩突出，获"中国产学研合作促进奖"。2017年7月，科技部政策法规与监督司授予学院"科研机构和大学向社会开放"先进单位荣誉，这是我校获得的首个由国家科技部门颁发的荣誉。

助推企业转型

三、服务企业，加大科技成果转化

科技成果转化是高校科技活动的重要内容，高校要引导科研工作和经济社会发展需求更加紧密结合，为支撑经济发展转型升级提供源源不断的有效成果，促进科技成果转化。高校科技成果转移转化工作，既要注重以技术交易、作价入股等形式向企业转移转化科技成果；又要加大产学研结合的力度，支持科技人员面向企业开展技术开发、技术服务、技术咨询和技术培训；还要创新科研组织方式，组织科技人员面向国家需求和经济社会发展积极承担各类科研计划项目，积极参与国家、区域创新体系建设，为经济社会发展提供技术支撑和政策建议；高校作为人才培养的主阵地，更要引导、激励科研人员教书育人，注重知识扩散和转移，及时将科研成果转化为教育教学、学科专业发展资源，提高人才培养质量。

为促进我校科技成果的转化，与合作企业开展科技成果转化对接交流会，实行企业需求为导向的成果转化策略，在合作单位设立"郑州科技学院科技成果转化基地"，部分成果在企业成功实现转化，如我校开发的"LED亮化节能控制器"在郑州威科普电子科技有限公司实现成功转化。

四、强化科技创新，推动知识产权保护

为贯彻落实党中央国务院关于深化体制机制改革加快实施创新驱动发展战略的要求，提升高等学校知识产权管理能力，学校组建成立了"郑州科技学院知识产权中心"，面向学校师生及周边企业开展知识产权服务工作，近年来，学校的知识产权申请及授权量成倍的增加，学校也成了首批国家知识产权快速维权单位，有效推动了学校知识产权管理工作，也增强了师生对知识产权的保护意识。

第三章　凸显专业特色 助力人才培养

近年来，学院各教学单位根据各自学科、专业建设特点，结合自身优势和特色，不断加强科技创新工作，主动服务地方经济发展，取得了较为显著的成效。在此，结合学院学科、专业类别，选取部分二级学院（排名不分先后）作简单介绍。

第一节　食品科学与工程学院

改革开放 30 多年以来，随着国民经济迅速发展，人们生活水平不断提高，我国食品工业获得了空前的发展。河南省是我国农业大省，农产品的生产与加工具有悠久历史，近年来，河南省食品工业也取得了高速发展，已成为我省工业领域的支柱型产业。而郑州科技学院驻地马寨食品工业园区是省级重点产业集聚区。为凸显应用型人才培养目标和高校社会服务功能，食品科学与工程学院围绕专业特色，结合地方经济社会发展需要，通过不断实践、研究、探索，在学术研究应用领域，已经形成了自身的科研特色，并取得了一系列研究成果。

一、搭建科研平台

为激励中青年教师积极投身科学研究工作，部门领导主持制定了《食品科学与工程学院教科研工作激励考核制度》，将教科研工作置于系部诸多工作中的重要位置，并在教师职称晋升、专项经费使用、教师学期年终考核等工作中明确了师生教科研成果所起到的重要支持作用；组建了食品安全监测研究所、食品植物新资源应用研究所两个专业研究机构作为全体师生开展学术研究和转化的平台；创建了"郑科记忆"甜品屋、食品安全快速检测创客空间两个大学生创新创业基地，为师生创新创业研究实践提供优质的实现平台。

二、凝练科研方向

部门领导亲自带头，依托学科、专业建设，结合每位教师的特点，注重发掘优势、凝炼学术方向，初步形成了烘焙食品加工技术、植物新资源综合利用、传统主食保藏与加工、饮料及乳品工程技术、食品快速检测等科研优势。

（一）烘焙食品加工技术

重点研究传统中式点心和西式中高档烘焙食品的工业化生产技术、配方工艺改良及创业教育教学。近几年在学术论文发表、学生创新创业教育、成果应用等方面取得了较多成果。其中在教师指导下由在校生创办的"郑科记忆"甜品屋已成为郑州市大学生示范店，能实现产品开发、生产、销售一体化，并实现了线上网店、线下门店双运营，已逐步成为食科系实施"双创教育"的稳定实践基地及学院"双创教育"的亮点。

（二）植物新资源综合利用

重点研究河南及周边省份农业、林业植物新资源的贮藏保鲜技术、精深加工以及食品功能性成分的分离提取及作用机理。近年来围绕食用花卉、食用菌、留兰香、丝瓜、马兰香、莴笋叶、酸模、栾果等精深加工和功能性成分提取分析取得了较多成果，部分研究成果居于省内领先地位。

（三）中国传统主食保藏与加工

重点研究利用现代高新技术进行花色面制品主食、杂粮米面食品的研发，此外还致力于研究鲜面条、馒头等的保鲜贮藏技术。近几年在科研项目申报、学术论文发表、专利申报等方面取得了一系列成果。

（四）饮料及乳品工程技术

重点研究利用现代高新技术及生物技术进行植物饮料、功能性饮料、功能性乳制品的开发、应用，并在学术论文发表、专利申报等方面取得了多项成果。

（五）食品快速检测

重点研究利用现代仪器（光谱、色谱、质谱及电化学等）及生物技术，开展与食品安全相关的有毒有害物质的控制及检测方法的研究。特别是针对加工食品、食源性动植物中重金属、农药/兽药、持久性有机污染物及生物毒素等残留物的检测技术研究；开展食品中重金属、农药残留、食品新鲜度等有关食品安全的快速检测技术。已承担了省市级科技计划重点及省级基金类等多个科研项目，部分研究成果达到国内领先水平。

三、充分发挥"老"带"新"作用

为调动教师科研积极性，让每位教师都参与到科研工作中来，部门领导非常重视科研工作，并以身作则，尤其是高向阳教授，不仅亲自做科研，发挥模范带头作用，而且经常指导青年教师做科研，发挥"帮"、"传"、"带"作用。高教授近几年发表专业论文50篇，主持科研项目3项，申报专利21项，主编著作（或教材）3部。在他的影响和部门领导大力支持下，部门教师科研意识逐步增强，都自觉地参与到科研活动中来。

自2014年至今，食品科学与工程专业教师围绕科研优势公开发表学术论文69篇，其中核心期刊42篇，有4篇被EI收录，另外还有多篇论文在北方食品安全高峰论坛、河南省农产品加工与贮藏学会年会、河南食品科学技术学会年会等学术会议上宣读或被会刊收录；申报专利33项，其中发明专利11项，实用新型专利22项，已授权11项，受理在审19项；各类教科研立项项目23项，其中省级2项，市厅级15项，校级6项，其中有2项通过省级成果鉴定。此外还荣获省级优秀成果奖2项，市级优秀成果奖2项。

第二节　工商管理学院

在应用型人才培养总体目标下，工商管理学院不断探索人才培养模式改革，注重学生创新意识和实践动手能力的培养。为提高学生创新能力，学院领导积极探索将科学研究与教学改革相结合，并结合现有专业特点和学校周边环境优势，开展了系列研究，不仅形成了自身的科研特色，锻炼了学生实践动手能力，而且对地方经济社会建设作出了自己的贡献。

一、推进科研与教学融合，以科研促动教学

学院周边有不少旅游景点、公园，比如洞林湖、洞林湖、郑州市植物园等，工商管理学院充分利用首批本科专业旅游管理专业优势，合理组建团队，探索毕业设计改革，由教师带领学生围绕周边景区开展了系列景区模拟导游研究、景区设计研究、旅游产品设计研究等，比如，《洞林景区模拟导游》《马寨经济开发区模拟导游》《洞林景区模拟导游设计》《黄河风景名胜区虚拟现实》《洞林寺景区设计》《马寨工业旅游设计》《郑州旅游产品整合》《郑州市周边一日游旅游产品设计》《郑州植物园旅游产品设计》等各个级别的项目。在这些项目的研究过程中，学生的积极性得和创新性得以调动，动手能力得以锻炼，他们在老师的指导下完成的毕业设计不少获得校级优秀。这些项目的研究成果也得到景区的认可，特别受到洞林寺景区的肯定，还举行了较为隆重的赠予仪式。

二、推动多学科融合，以提高研究成果质量

为大力推动工商管理学院科研工作，领导班子积极探索有效途径，不仅充分发挥本单位优势资源，并充分发掘其它院系资源。比如，旅游管理专业教师在研究中遇到不少程序设计、动画设计等技术难题，而学校信息工程学院、艺术学院教师正好可以解决这些难题。系领导班子了解情况后，主动联系这些院系负责人，商量联合研究。两三年的实践证明，方法是正确的，效果是比较明显的。近几年，工商管理学院教师与学校艺术学院、信息工程学院、财经学院、土木建筑工程学院等多个院系多个学科教师开展了交叉学科的综合研究。这些研究，不仅涉及共同指导学生毕业设计，而且共同申请了省、市等各个级别的科研项目，效果较好。合作期间，师生共完成了《洞林寺景区模拟导游》《基于多学科联动下的郑州空港区功能展示》等多个项目，《黄河风景名胜区虚拟现实》《基于智慧旅游理念下的手机主动导游 APP 平台构建研究》《旅游景区虚拟现实核心技术研究》等多个项目获批校级科研项目、市科技计划项目。这些合作经验充分体现了学校文科、工科、理科的多学科办学理念，而且为其他教师提供了新的研究思路。

第三节　机械工程学院

在开展科研工作建设过程中，机械学院注重"凝练研究方向，发掘研究型人才，科研推

动教学，教学反哺科研"思路，经过一系列努力，各项科研成果有较大突破，近几年获批省市级各类项目 20 余项，开展横向项目 3 项，省级鉴定成果 5 项，授权专利 42 项，在国内公开刊物发表各类科研论文 134 篇，获批建设并通过验收河南省高校工程技术研究中心 1 个（数控加工技术研究中心），获批建设并通过验收河南省重点学科 1 个（机械制造及其自动化学科）。近几年学生创新意识得到很大提高，在校内开展各类创新项目 200 余项，获批国家级创新实践项目 1 项，省级创新实践项目 1 项，学生参加各类学科竞赛获省市级及以上奖励 70 余项。

一、注重团队建设，发掘和培养研究型人才

（一）实施青年教师科研导师制

选拔青年教师作为科研方向带头人培养对象。同时，安排科研水平较高的教师为新进教师的导师，鼓励和引导青年教师逐渐明确自己的研究方向，并加入适合的科研团队，让青年教师作为导师科研助手，逐渐掌握科研工作的一般流程和方法。

（二）加大外出培训、学习力度

鼓励青年教师积极参加国内各类科研研讨会，参加各类培训学习。深入了解国内外该学科发展现状及研究前沿领域，便于及时更新知识范围，在科研工作中少走弯路。

（三）聘请"三高"人员（高学历、高职称、高技能）

通过各方面努力，机械学院引进了李明、栗全庆、任德志、屈少敏等 10 名科研能力强的高职称人才，为青年教师科研工作引路指导；同时，还聘请了河南科技大学的薛进学博士、河南农业大学胡建东教授、郑州新大方重工科技有限公司教授级高工李纲等多位作为客座教授，增加青年教师与省内各院校、行业专家的交流，在科研工作中作为科研顾问，解决一些科研难题。

（四）抓项目、组团队

以现有比较成熟的科研方向为基础，逐渐形成一些比较稳定的科研团队，在团队内实现优势互补，协同合作。通过努力，机械学院逐渐形成了工业机器人系列研究、3D 打印技术系列研究、数控技术系列研究、计算机辅助设计系列研究 4 个比较成熟的研究团队。各团队独立完成各项系列研究，同时可以互补协同工作，既凝炼了研究方向，也可实现最大限度的优势互补。

二、主动服务企业，提高教师科技研发能力

学院教师积极与企业进行联系，主动参与新产品研发、科技改造等工作中区，帮助企业解决关键技术问题，实现了高校服务地方企业发展职能。先后为河南东方食品机械设备有限公司等多家企事业提供技术服务，联合进行"截面弧变导程螺杆"等产品研制，共约 30 项，加工配套件 10 余万套；与中联重科开封工业园联合研制了收获机、拖拉机电气综合实验台和液压综合实验台等。在企业设立"企业教师工作站"，有计划地将"由校门到校门"的中青

教师派往企业挂职锻炼，使他们真正接触生产、了解现场，积累生产实践经验和培养解决实际问题能力；在校内设立"技术技能名师工作站"，从企业聘请高级技术专家和管理人才走入学院，传授最新科学技术。

三、多措并举，引导学生开展创新研究

一方面，以综合素质教育为基础，树立学生吃苦耐劳，刻苦钻研的科研意识。另一方面，以项目驱动式的《专业导论》课程为抓手，督促学生积极思考。同时，通过建立3D打印协会、数控加工技术协会、精英班培养等形式提高学生科研兴趣，安排专人对选拔的优秀学生进行科研指导，使学生在创新能力培养、创新研究、学科竞赛等方面实现较大突破。

学院师生的"3D打印系列研究"项目先后在中国科学技术协会主办的"全国青少年科技创意大赛"中获"全国科技创意大赛一等奖"、"全国十大创意之星"；在第十届北京发明创新大赛北京发明协会、中国科学技术协会主办的"第十届北京发明创新大赛"中获金奖，并受邀参加2016年和2017年中国科技周北京主会场展出，被评为"最受公众喜爱的项目"。

桌面彩色3D打印机参加中国科技周展出

"柱坐标陶瓷3D打印机"在高等教育学会、中国发明协会主办的第八届"高等学校信息技术创新与实践活动"获技术发明组一等奖。"彩色黏土3D打印机"在第13届中国青少年创造力大赛总决赛中，获得金奖，并受邀参加第32届美国匹兹堡INPEX国际发明联展和第69届德国纽伦堡国际发明展。

第四节　信息工程学院

一、注重科研平台建设，以科研带动团队建设

为提高学院科研水平，学院领导积极为教师开展研究搭建平台，不断推进科研平台建设，

在组建校内研究机构的同时注重其升级建设。2013年，学院整合人力资源、大学生创新实验室资源，申报的郑州市机电智能重点实验室获批郑州市重点实验室。依托郑州科技学院信息工程学院、机械工程学院、电气工程学院的计算机科学与技术、机械制造及其自动化、电子科学与技术等省级重点学科及省级品牌专业等学科专业平台和共建单位（苏州博实机器人有限公司）的人才、技术、设备和其它资源优势，实验室的建设过程取得较为显著成效，并顺利通知郑州市科技局的验收。

该实验室不仅承担了本单位若干项教科研项目的研究，而且为相关专业教师提供了研究环境，对项目的申报与研究、结项等注入了催化剂，大大地提高了教师的创新能力。与此同时，实验室在人才培养方面也取得了明显成效，充分发挥着重点实验室的作用。实验室学生利用业余时间，在实验室进行课程设计、毕业设计的实物制作与调试，参加省级、国家级的一些机器人比赛和电子设计大赛等，承担了第一届郑州地方高校职业技能竞赛，取得多项具有国内领先水平的研究成果和发明专利，完成了多项企业委托研究开发项目，使一批技术成果得以推广和工程化应用，为企业培养了一大批优秀的技术人才，有效地支援了中原经济区建设，同时也实现了自身的快速发展。

依托平台建设，学院科研工作进步很快，承担的项目数量逐年增加，成果质量不断提高，而且科研的发展带动了学科专业建设，尤其是师资队伍建设。目前学院拥有教师38人，其中高级职称22人、讲师12人，科研团队逐步形成，科研实力不断增强。

二、激发学生科技创新兴趣，引导学生参与科研

为提高人才培养质量，学院构建了"研究所建设—创新能力培养—人才培养方案改革"的良性互动模式，形成了富有郑州科技学院特色的大学生实践与创新能力培养体系，实施"创新能力培养与育人并重"的战略。学院努力将最新科研成果渗透到教学、教材、大面积基础实验和专业实验，丰富教学内容，也使人才培养方案得到不断优化，优化的人才培养方案又促进创新能力的培养，使知识传授与实践和创新能力的培养达到了和谐统一。为激发学生科技创新兴趣，提高创新积极性，学院将科研项目直接引入本科学生的创新与实践活动以及毕业环节，定期为学生举行科技前沿讲座，向学生传授科学研究的方法，使他们了解学科前沿和研究热点。同时，积极鼓励教师吸纳学生参与教师科研项目，锻炼学生动手能力，使学生在与教师的共同工作中体会科学研究的严肃性、创造性，学习先进的科学研究思维方法和手段，培养学生创新能力和团队合作精神。此外，积极鼓励教师指导学生直接申报校级大学生创新研究项目，增强科技创新意识，提高科技创新能力。近几年，学院有近百名学生参与了教师的科研项目，学生立项大学生创新研究项目10项。

成果篇

第一章 2011～2017 年成果

部分专利成果

部分著作权成果

部分鉴定成果

部分著作成果

历年科研成果公报

河南省发展研究奖

省社联调研活动先进组织单位

郑州市都市区建设专题调研先进单位

郑州市科技企业孵化器

郑州市技术转移服务机构

郑州市科技创新工作先进集体

河南省技术转移示范机构

成 果 篇

省级产学研合作试点项目

中国产学研合作促进奖

"科研机构和大学向社会开放"荣誉证书

郑州市二七区科普示范基地

郑州市科普教育基地

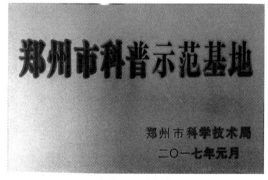

郑州市科普示范基地

河南省科普教育基地

河南省科普教育示范基地

郑州市机电智能化重点实验室

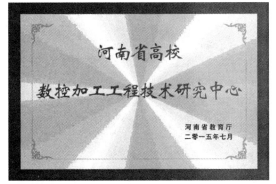
河南省高校数控加工工程技术研究中心

郑州市智能终端信息化控制重点实验室

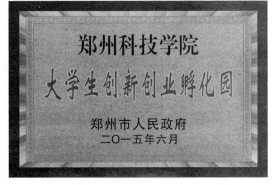
大学生创新创业孵化园

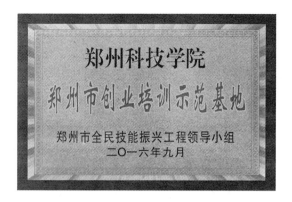
郑州市创业培训示范基地

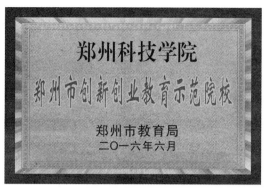
郑州市创新创业教育示范院校

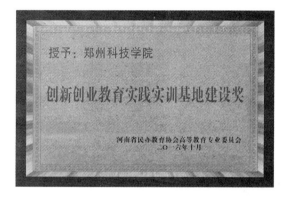
创新创业教育实践实训基地建设奖

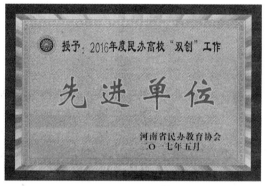
民办高校"双创"工作先进单位

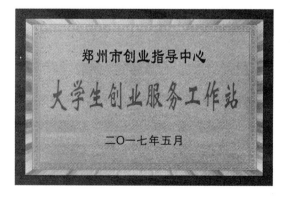
郑州创业指导中心大学生创业服务工作站

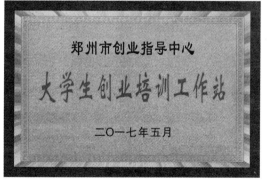
郑州创业指导中心大学生创业培训工作站

河南省众创空间

省级创业孵化示范基地

第二章 骨干风采

黄于欣，信息工程学院教师，硕士研究生，副教授讲师。主要从事计算机应用和物联网相关领域的研究。发表论文 10 余篇，其中 3 篇北大中文核心，软件著作权 11 项，专利 14 项。主持河南省科技厅科技攻关项目 1 项，参与完成河南省科技厅项目 2 项，主持完成省教育厅各类科研项目 5 项。主持校级教科研项目多项，主持研究和开发多个软件系统。

黄于欣照

祝坤艳，工商管理学院教师，硕士研究生，副教授。近三年参编教材 6 部；发表专业相关论文 11 篇，其中核心论文 4 篇，《"农超对接"农产品模式发展机制与对策研究》获得郑州市社会科学优秀成果三等奖；主持、参与省市级课题 29 项，主持 15 项，作为主要完成人参与 14 项。先后获得 2014 年郑州市优秀教师、2015 年郑州科技学院优秀教师、2016 年郑州科技学院科研先进个人、2014 河南省优秀调研成果一等奖、2014 郑州市优秀调研成果二等奖、2015 河南省社会科学优秀成果一等奖、2015 郑州市教育局科研成果一等奖、2015 郑州市优秀调研成果三等奖。

祝坤艳照

王东升,体育学院教师,副教授,硕士研究生,篮球国家一级裁判。在人民体育出版社出版《现代篮球进攻性技战术研究》专著一部,在国内外杂志上发表文章二十余篇,其中在核心期刊发表十篇;主持编写教材四部;主持完成国家级发明专利一项,参加完成国家级项目一项;主持完成省部级科研项目两项,主持校级科研课题四个,一项被学校列为重大项目,三个重点项目。《中、外优秀女子铅球优秀运动员关键运动技术参数的比较研究》,获全国优秀教育教学论文评选大赛一等奖。

王东升照

高向阳,食品科学与工程学院教师,教授,河南省优秀教师,研究生导师,食品安全专业学术带头人,食品快速检测创新中心主任;河南省食品科学学会常务理事;河南省农产品贮藏与加工学会理事;郑州市"三育人"先进个人,校级"十佳优秀教师"和"十佳师德标兵"。

主要研究方向:现代食品快速分析技术,;流动注射化学发光分析技术,;食品质量与安全,食品新资源的开发与利用等。先后出版著作31部,撰写295万字,其中主编、副主编国家级"十五"、"十一五"规划教材、教育科学"十五"国家规划课题研究成果和高等教育百门精品课程教材、教育部面向21世纪课程教材9部,获国家级、省级和市、厅级优秀教材奖6部,发表论文190余篇,多篇获省级、厅级优秀奖。 近5年在《食品科学》、《中国调味品》、《中国饲料》、《食品科技》等核心期刊上发表专业研究论文60余篇。先后承担教科研项目5项;申报国家专利20余项,已经获得授权专利8项,正在审理专利11项。

高向阳照

耿晓雯,土木建筑工程学院教师,讲师。先后获得2015、2016年度校级科研先进个人。主持河南省科技厅科技攻关项目2项、省教育厅高校重点科研项目1项、市级课题2项;参与厅局级课题7项;主持的《河南商代家具装饰纹样研究》获得省社科联优秀调研课题一等奖、参与的《郑州历史文化街区改造——以德化步行街为例》获得郑州市社科联优秀调研成果三等奖、参与的《中学普法教育第二课堂建设》获郑州市教育局优秀成果二等奖;申请专利9项,授权7项,其中外观专利5项,2项实用新型正在审批中。2016年指导了12级土木工程专业校级重点毕业设计课题——郑州航空港沙盘的设计与制作。

耿晓雯照

徐向慧，财经学院教师，副教授，先后获得"河南省民办高校示范教师"、校级"优秀共产党员"、校级"优秀教师"，在学校的"说课比赛"和"说专业比赛文科组"中获得二等奖、郑州市教育教学成果一等奖、郑州市社科联重点调研课题二等奖等。主编教材2部、参编教材3部，发表学术论文10余篇，其中2篇专业核心；主持、参与完成省部级项目3项，厅局级项目11项。

徐向慧照

张军，电气工程学院教师，副教授，高级技师，参与河南省教改项目并获得省级教学成果奖二等奖 1 项，主持河南省科技攻关项目 1 项，参与河南省科技攻关项目 2 项，主持河南省教育厅科技计划重点项目 1 项，参与省教育厅重点课题 2 项，主持及参与其他省市级课题 11 项，通过省级成果鉴定 5 项，授权发明专利 1 项，参编教材 3 部，发表核心论文 6 篇，EI 论文 1 篇，获得省、部级优秀论文奖 1 项获得科研成果奖 1 项。

张军照

齐仁龙，硕士研究生，副教授，中国电子学会会员、中国产学研合作促进会会员，郑州市中等职业学校教师及学生技能竞赛评委，郑州市中等职业学校专业教师实践导师，主要研究方向为电路与系统。先后获得 2014-2016 年度科技部政策法规司"万名科学使者进社区"先进个人，河南省民办教育协会"优秀科技工作者"，2009 年、2010 年、2013 年、2015 年度校科研先进个人；河南省教育厅科技进步二等奖，河南省教育厅教学成果二等奖、三等奖，郑州市教育教学成果二等奖，2009 年、2010 年校教学成果一等奖；主持完成省级科技成果 5 项，主持完成厅局级级科技成果 5 项，参与完成教改项目 10 项；公开发表论文十余篇，其中专业核心期刊 3 篇，国家授权专利 20 余项，其中完成的"LED 亮化节能控制系统"成功实现企业转化。

齐仁龙照

韩彩虹,副教授,高级翻译师,国家二级心理咨询师,中国教育语言学研究会理事,外语学院主任,主持教育部外语专业委员会教改项目4项,主持并参与市厅级以上课题18项,独著3部,参编教材5部,发表论文20篇,核心论文7篇,其中,CSSCI检索2篇,ISTP检索3篇,EI检索1篇。主持国家发明专利一项,荣获全国优质教育科研成果展评二等奖1项,河南省教育厅教育教学成果一等奖2项,校级以上教学成果一等奖3项,并于2015年6月授予"郑州市教育局学术技术带头人"荣誉称号。

韩彩虹照

刘亮军,副教授,厦门大学在读教育专业博士,郑州科技学院校长助理兼教务处长。中国高等教育学会高教研究分会理事、河南省物流协会理事、河南省普通高等学校物流管理与工程类本科专业教学指导委员会委员。研究方向:高等教育教学与管理。工作以来一直从事高校教育教学与管理工作19年,先后被评为"郑州市优秀教师"、"河南省优秀教师"、"河南省高等教育教学工作先进个人"、"河南省高等学校社科管理先进工作者"、"河南省民办教育办学先进个人"。2010年以来个人先后发表论文20篇(其中核心10篇),主编(参编)教材5部,主持(参与)省部级课题7项,获省(厅局)级教科研成果奖7项。

刘亮军照

李继侠，副教授，高级工艺美术师，艺术学院环境设计教研室主任，河南省教育厅学术技术带头人，河南省美术家协会会员，中国工艺美术协会河南分会理事、秘书长助理，河南省包装协会会员，河南省教育厅新锐人物，郑州科技学院优秀教师，河南省建筑装饰设计大赛优秀指导教师。主持国家级子课题1项，参与国家级课题2项，主持河南省哲学社科规划课题1项，参与河南省科技厅成果鉴定1项，主持河南省教育科学重点课题1项，主持河南省教育厅课题2项，参与省级厅级市级课题6项，授予发明专利3项，主编参编著作5部，发表北大中文核心期刊8篇，EI论文3篇，河南省教育科学研究优秀成果奖1项。

李继侠照

第三章 部分优秀项目和成果

第一节 部分横向项目简介

一、基于"互联网+"的食品流通监测控制平台

受河南宣和实验仪器有限公司委托，开发项目基于互联网+的食品流通监测控制平台。本项目从食品安全实时监测、安全状态评估和预测网络的实际特点出发，综合运用物联网技术、web service 技术等探讨基于食品安全监测的智能化解决方案。设计并实现一种基于嵌入式 web service 技术的食品安全智能监测节点具有实时监测影响食品品质的环境因素，并对食品品质的当前状态进行评估和预测进一步的安全状态的能力。主要内容包括：按照食品安全智能监测网络的总体架构，设计并实现了智能监测节点的硬件平台；智能监测节点的主控芯片采用集微处理器和射频功能于一体的 CC2530F256，控制外围模块以及温度数据信息的采集、处理和发送等；外围模块包括日历时钟、液晶显示、蜂鸣器报警等，用以实现显示、查询、超出阈值时自动报警等功能；可在在智能监测节点上构建轻量级网络协议栈；依托 Contiki 操作系统设计一种智能监测节点的轻量级 IPv6 网络协议栈，完成智能监测节点与应用主机间端到端的通信，最终实现智能监测节点与 IPv6 网络间的无缝融合。

二、基于 SOA 架构的分布式慕课管理系统

受河南诺仕华软件科技有限公司委托，开发项目基于 SOA 架构的分布式慕课管理系统。本系统采用 J2EE 的架构进行发，采用现阶段成熟的基于的 MVC 的 Struts 架构。WEBSERVER 接受学生的访问请求，并建立起安全通道之后，根据不同的业务请求，由专门的 Action Servlet 进行处理，该 Servlet 会根据不同的请求调用相应 EJB 或 JavaBean 对数据库进行访问，并调用交易组件处理相应的业务方面的交易流程，最后根据配置文件定义的结果显示页面，将系统处理结果传输到用户端，从而实现了对用户业务请求的处理。学生是需求业务逻辑利用 EJB 或 JavaBean 进行管理，保证了逻辑的完整性和一致性。

三、基于物联网多源信息融合监测的煅烧工业最佳效能控制系统

受郑州科发电子科技有限公司委托，开发项目基于物联网多源信息融合监测的煅烧工业最佳效能控制系统。本项目通过搭建基于物联网的远程控制平台，采用 FCS 自动化系统，改变以往编程的信息处理模式，利用多源信息融合监测的信息处理模式，实现远距离的监控操作，有效改善控制系统的实时性，提高系统运行的可靠性、操作性和降低成本。系统在硬件结构的设计上由感知层、网络层和应用层组成，在软件设计上采用基于 SOA 架构的多主机分布模式和"D+IOCP +无锁队列+ ZeroMQ + QWorkers"多线程网络消息服务并行技术，构建煅烧工业现场总线物联网智能化多协议数字信号信息传输架构；底层传感器采用冗余数字

量通信和分布式主机信息处理，实现视频实时监控和图像记录与分析和自定义协议传输模式，进而实现对现场设备、环境温度、压力、运行状态等信息的实时采集和控制，实现煅烧工业现场最佳效能全程控制。

四、太阳能光伏家庭室内 LED 照明节能技术开发

受郑州威科普电子科技有限公司委托，开发项目太阳能光伏家庭室内 LED 照明节能技术开发。本项目通过蓄电池给 LED 照明负载放电，提出本课题的设计思路，硬件原理图和软件流程图。硬件部分本课题采用 PIC16F716 单片机来控制整个太阳能 LED 照明系统。着重对太阳能充电控制电路、电源电路、功率管驱动电路、保护电路以及 LED 恒流驱动部分进行了硬件设计，通过软件编程来完成整个设计。LED 恒流驱动部分采用 XL6003 来实现。

五、星斗商务网联管理及智能交易终端控制系统的研究开发

受河南省星斗电子科技有限公司委托，开发项目星斗商务网联管理及智能交易终端控制系统的研究开发。本项目主要目标是通过建立基于 GIS 位置服务的分布式智能商务交易终端，在互联网的虚拟空间里把企业、客户、质量认证、政府监管和交易方式等联系起来，构建具有强大后台支撑的、跨平台、跨语言的分布式 SOA 架构的云服务体系的智能商务管理系统+智能终端。主要内容包括：开发基于 Web Service 位置服务的商品智能交易系统平台和基于 GIS 位置服务的分布式电子商务智能交易终端、基于 SOPC 的嵌入式指纹鉴别与 IC 卡双重加密支付终端。本系统在技术上以 Web-GIS 技术为开发平台，以云计算服务器为数据处理中心，以电子商务综合交易平台为核心，以电子商务智能交易现实终端为基础，通过移动终端、支付终端、无线射频识别（RFID）、传感器、Zigbee、GPS、WSN 等传感技术实现信息感知，通过互联网实现信息承载和传输，通过云计算服务器等信息处理模式实现商品交易中的管理、应用和服务等，从而构成整个智能化商务体系。

六、装配式节能基站设计研究

受河南省信息咨询设计研究有限公司委托，开发项目装配式节能基站设计研究。本研究开发项目以研究砌体女儿墙的破坏形式为目的，主要的技术目标有：1．设计研究一种拉拔仪支撑体系，对墙体结构不施加反力，使实验结果更接近实际受力；2．在砂浆强度一定时，在拉线荷载作用下研究不同墙体高度下砌体墙的极限承载力；3．在墙体高度一定时，在拉线荷载作用下，砌体墙的极限承载力；4．墙体与位移之间的关系；5．基于试验数据提出极限拉拔力的计算公式，对拉线塔锚固点的设计计算具有一定的指导意义；6．对于不满足承载力的墙体，提出合理的加固意见，并研发一种简便有效的装配式拉锚基础加固方案。

七、基于嵌入式 Linux 的智能分布式防窃电管理系统

受郑州艾毅电子科技有限公司委托，开发项目基于嵌入式 Linux 的智能分布式防窃电管理系统。本项目主要：1．实现智能分布式防窃电管理系统的构建。系统采用分布式结构，主要包括上位机管理软件、智能管理器和若干个防窃电控制装置，每个小区安装一套智能管理器，每个电表箱或计量箱安装一个防窃电控制装置，电力管理部门安装上位机管理软件；智

能管理器与防窃电装置采用载波通信方式，智能管理器与上位机软件采用 GPRS 通信模式；2．技术采用智能网防窃电加密算法实现。针对智能计量箱的防窃电功能，要求采用计量箱控制器的加密通信算法，并在加密的基础上制定通信协议及身份认证方法。系统中采用了 DES 对称加密算法，为开箱者身份认证的可信性提供了有力的保证。3．电力智能网远程送电控制。建立一个电网自动化数据的集中采集与管理的信息平台，实现了信息的集成、查询和远程控制。

八、基于人体亚健康的大数据中医养生诊断系统研制与开发

受郑州科兴电子信息技术有限公司委托，开发项目基于人体亚健康的大数据中医养生诊断系统研制与开发。本项目的主要内容为：1．系统采用互联网+人体可穿戴设备+中医养生智能专家策略库而构成的云端医疗数据服务平台；2．系统采用 SOA 分布式架构设计，其最大的特点是可以根据多样复杂的客户要求及时更新服务组件，提供个性化服务需求，可以根据使用对象的不同提供个性化的服务需求；3．该平台体系架构分为三层，分别是应用层、网络层和终端感知层，其中应用层包括上层应用平台和下层应用平台两部分；4．上层应用平台实现对用户信息采集、基于深度学习的中医专家诊断和医院或者中医养生堂客户信息管理等；5．下层平台为应用支撑平台，该平台要求采用云计算架构为主，实现智慧医疗基础数据整合和管理；6．硬件系统可实现在移动设备上对人体血氧、血压、呼吸、脉搏、心音、肺音、胃音（电）、肝音（电）等生理参数的采集；7．并采用 HRV 分析法对人体亚健康精神压力进行综合分析，形成精神压力分析报告。

九、基于 LINUX 的嵌入式 LED 亮化节能控制器的研究开发

受河南省应天电子科技有限公司委托，开发项目基于 LINUX 的嵌入式 LED 亮化节能控制器的研究开发。本项目将 LED 节能控制器嵌入式 LINUX 系统在 ARM 平台上的构建；系统集中器采用基于高速嵌入式处理器 ARM920T 核心的 S3C2410，嵌入式 LINUX 系统在其平台上的构建包括 Bootloader 移植、内核编译、根文件系统构建、OS 内核下载和开发板环境变量的配置；LED 节能亮化控制器节能在线监测；针对 LED 亮化节能控制器信息采集状态，提出"互联网+"的远程监测控制模式；USB 驱动程序的开发。分析研究常用多媒体文件的底层存储以及存储介质的访问与读写；分析设计显示模式，进而提高广告的吸引力技术。

第二节 部分专利简介

一、彩色 3D 打印机喷头（ZL201520092886.3）

专利简介：本实用新型公布了一种彩色 3D 打印机，旨在解决现有的 3D 打印机难以实现单喷头彩色打印、不能兼容不同形态耗材的技术问题。它包括壳体和进料部件，在壳体内部设有混合挤出室，在混合挤出室的下部连通有喷嘴，在混合挤出室中心设有螺杆，螺杆的外径与喷嘴的内径大小相匹配，在螺杆的上部连接有动力装置；在混合挤出室外壁上设有加热

装置；进料部件为至少两组，以可拆卸的方式等距安装于壳体的侧壁圆周上，在进料部件上设有进料腔，进料腔的上端与外部的送料机构相连通，下端与混合挤出室相连通。本实用新型能够真正实现单个喷头的彩色打印，单个喷头还能兼容多种类型的耗材，降低了3D打印成本，适用于大范围的市场推广。

应用范围：市场上常见型号3D打印机。

技术特点：本实用新型可以实现单个喷头的彩色3D打印，克服了现有技术中只能通过多个喷头进行不同颜色耗材打印的技术难题，实现了真正彩色3D打印，对于3D打印技术的发展有着重要的意义。同时单个喷头还能同时兼容不同类型的耗材，进料部件便于更换，从总体上降低了3D打印的成本，适用于大范围的市场推广。

二、一种新型固定式可伸缩通用型叠板机（ZL201520092866.X）

专利简介：本实用新型专利涉及一种叠板机，特别是涉及一种新型固定式可伸缩通用型叠板机。包括支撑架、提升架及提升机构、行走机构，以及两相对设置的托架，所述提升架顶部两侧平行设有托架导轨，对应该托架导轨、在托架上匹配设置有滑动槽，同时在每个提升架与提升架之间分别安装有，在线性电机作用下，两托架沿托架导轨相向或背向滑动，实现伸缩开合。本实用新型固定式可伸缩通用型叠板机结构简单，适应性强，性能可靠，生产使用成本低，易于制造，工作效率高，具有一定的工程价值，非常适于推广实施。

应用范围：市场上所见的各种型号砖机。

技术特点：本装置采用全钢结构，强度高，运行平稳，实现自动堆叠砖胚，提高工作效率，具有操作灵活、动作协调、操作方便、节省人力、降低劳动强度、消除安全隐患、降低成本等优点。采用本装置可与不同型号砌块成型机的配套，削减购置成本，占地面积小，自动化程度高，具有较高的推广应用价值和良好的社会经济效益。

三、一种移动式节能节水型大田灌溉系统（ZL201420544384.9）

专利简介：本实用新型公开了一种移动式节能节水型大田灌溉系统，包括运载车辆、抽水系统和灌溉系统；运载车辆上安装有水箱，水箱内设置有气囊，水箱壳体上表面设置有压力继电器，压力继电器的常闭触点串联在电机的供电电路上；抽水系统包括电机、软轴、抽水管路和泵体；灌溉系统包括灌溉主管道和若干个灌溉分管道，灌溉分管道上设置有多组喷头。

应用范围：本实用新型一种移动式节能节水型大田灌溉系统可以应用在农业灌溉。

技术特点：该移动式节能节水型大田灌溉系统，其特征在于：包括运载车辆、抽水系统和灌溉系统；所述的运载车辆上安装有水箱，水箱设置有进水连接管和出水连接管，进水连接管和出水连接管上分别设置有进水阀门和抽水阀门，水箱内设置有气囊，水箱壳体上表面设置有压力继电器，压力继电器的常闭触点串联在电机的供电电路上；抽水系统包括电机、软轴、抽水管路和泵体，电机的输出轴通过联轴器与软轴的一端连接，软轴的另一端连接泵体，抽水管路的两端分别连接泵体和进水连接管；灌溉系统包括灌溉主管道和若干个灌溉分管道，灌溉分管道上设置有多组喷头。所述的水箱内腔顶部设置有气囊安装罩，气囊的上部固定在气囊安装罩内，气囊安装罩和水箱壳体对应位置处设置有开孔，导管设置在开孔内且导管与水箱壳体之间密封。进水连接管上设置有第一单向阀和溢流阀。出水连接管上设置有第二单向阀。软轴采用扭和交织在一起的钢丝绳。抽水管路包括内橡胶管和套设在内橡胶管外部的外橡胶管，内橡胶管和外橡胶管之间设置有钢带，钢带缠绕在内橡胶管的外表面。本实用新型具有节能节水的优点，且能够自由移动，可以提高灌溉效果和灌溉效率，减小劳动强度。

四、高效率复合式铁芯绕组发电机（ZL201520174304.X）

专利简介：本实用新型公开了一种节能高效率复合式铁芯绕组发电机，设有复合式铁芯绕组机构和变向机构，复合式铁芯绕组机构由内转子、外转子构成；内转子是由两个盘式发电机绕组和夹在中间的普通发电机绕组组合而成，外转子是由两个盘式发电机磁铁组和普通发电机磁铁组组合而成。变向机构由内转子太阳轮、行星齿轮组、行星齿轮架、外转子齿轮圈构成；内转子太阳轮与发电机轴固定连接，带动内转子转动；行星齿轮组安装在行星齿轮架上，行星齿轮架固定在支架上，而支架则固定在发电机底板上；外转子齿轮圈与机壳前端盖连接，带动外转子转动。

应用范围：本发明可广泛应用于发电设备上，电动机输出轴与内转子太阳轮连接，扭转内转子太阳轮并使外转子齿轮圈转动，这种充分利用空间的内转子复合式绕组与外转子复合式磁铁组结构使发电机的能量转换得到极大提高。

技术特点：设有复合式铁芯绕组机构和变向机构，复合式铁芯绕组机构综合了普通圆柱形发电机铁芯与盘式发电机铁芯结构特点，在普通发电机的圆柱形铁芯的两个底面圆上加了两个盘式发电机绕组，使铁芯的空间得到充分利用，在同一个铁芯上共有三组铜线绕组，与之相对应的是，在发电机机壳上，不仅固定着普通发电机磁铁组，还在铁芯的两个底面圆外面固定了两个盘式发电机磁铁组；变向机构则是以行星齿轮组的形式，使发电机的铁芯绕组和磁铁组呈对转运行方式。提升了发动机空间和速度上的利用率，从而提高发电机的能量转化效率。

项目意义：提高发明级别，完善技术使其具有较强的市场竞争力；制作样品并持续提高其功能；寻找市场化的模式和路线；进入小试阶段，小批量生产并投放市场；持续解决产品、设备和工艺流程中必然存在的大量技术矛盾，不断取得新的专利保护。

五、高效率嵌套式铁芯绕组发电机（ZL201520174360.3）

专利简介：本实用新型公开了一种节能高效嵌套式铁芯绕组发电机，设有嵌套机构和与之对应的磁铁组。嵌套机构由左嵌套铁芯绕组，右嵌套铁芯绕组，普通铁芯绕组构成；磁铁组由左嵌套磁铁组，右嵌套磁铁组构成。嵌套式铁芯绕组固定在发电机轴上，发电机轴转动时，带动嵌套式铁芯绕组转动，两个嵌套式铁芯绕组相对于嵌套式磁铁组做切割磁感线的运动，从而产生双倍电能。嵌套式铁芯绕组产生的电能则通过固定在铁芯上的四个硅二极管整流，以直流电的形式传输给普通磁铁绕组。普通磁铁绕组以电磁铁的形式，使固定在机壳上的外部铜线绕组做切割磁感线的运动，从而产生更大的电能。由于作为励磁转子的两个嵌套式铁芯绕组和作为主机转子的普通铁芯绕组以及二极管整流桥是固定在一起的，所以这种嵌套式机构不仅节省空间，而且可使发电机的能量转换率得到极大的提高。

应用范围：本发明涉及一种发电机，尤其涉及一种嵌套式结构，低耗，高效发电机，可应用于发电设备上。

技术特点：设有嵌套式铁芯绕组机构和嵌套磁铁组机构，嵌套式铁芯绕组机构的铁芯呈近似中空的环形结构，由左嵌套式铁芯绕组，右嵌套式铁芯绕组，普通铁芯绕组构成；嵌套式铁芯绕组固定在发电机轴上，发电机轴转动时，带动嵌套式铁芯绕组转动。两个嵌套式铁芯绕组上的铜线相对于两个嵌套式磁铁组做切割磁感线的运动，从而产生电能；左嵌套式铁芯绕组的两个铜线输出端，分别与右嵌套式铁芯绕组的两个铜线输出端相连。由于两个绕组的铜线绕组数相同，所以它们的并联能产生双倍电流；套式铁芯绕组产生的双倍电能则通过固定在嵌套式铁芯绕组上的四个硅二极管整流，以直流电的形式传输给普通铁芯绕组。普通铁芯绕组就会以电磁铁的形式转动，使固定在机壳上的外部铁芯绕组的铜线做切割磁感线的运动，从而产生更大的电能，提高转化率。

六、一种彩色3D打印机挤出喷头（ZL201420840040.2）

专利简介：本实用新型提供了一种彩色 3D 打印机挤出喷头，利用三原色原理根据实际需要喷出各种颜色。具体技术方案为：一种彩色 3D 打印机挤出喷头，包括由上至下依次设置的加热块、过渡喷嘴、混合板和混合喷嘴，加热块上设置有台阶螺纹孔、加热孔和测温孔，过渡喷嘴上端通过其外部的螺纹设置于台阶螺纹孔内；混合板上设置有独立的加热孔和测温孔，混合板上端面设置有依次连通的接料槽、主流道和出料口，出料口贯穿于混合板，接料槽与过渡喷嘴下端连通，混合喷嘴固定连接于混合板下端面并与出料口连通。

应用范围：本实用新型涉及的3D打印喷头应用于基于熔融沉积成型工艺的3D打印机上，解决打印件颜色单一的问题，具有较大的实用价值。

技术特点：采用了四个过渡喷嘴分别和四个混合板对接，其中，根据实际打印件颜色需求，可以调节三原色料丝的相对送入量，三原色料丝在加热块中熔化经上层三个混合板细分后分别流入混合腔进行混色；黑色原料不参与混色，第四混合板可将从第四混合喷嘴喷出的黑色熔融原料引流到混合喷嘴直接打印；本实用新型采用了纯机械式结构设计，结构简单紧凑，使用及维护成本低廉，便于广泛应用。

七、一种户外写生支架（ZL201610276447.0）

专利简介：本发明涉及一种户外写生支架，包括画板箱，以及设置画板箱后端的背带，画板箱呈箱体形。本发明携带方便，有效改善因温度变化而影响绘画用的颜料产生化学反应的现象，避免绘画用的颜料色彩失真。

技术创新点：本发明户外写生支架，携带方便，主要创新点在于保护颜料的恒温性，避免颜料因温度和混合发生色彩失真。

应用前景及范围：提高户外写生效率，携带方便，能够保证颜料品质的必选工具。各高校艺术学院学生户外写生使用和广大绘画爱好者。

八、一种多功能衣柜（ZL 201511016009.2）

专利简介：本发明涉及一种多功能的衣柜设计，本发明功能多样化，有效改善衣柜的多功能用途，避免空间的浪费。

技术创新点：本发明实用性强，主要创新点在于衣柜的空间利用多元化，提高衣柜使用效率。

应用前景及范围：提高衣柜使用效率，有效改善衣柜的多样化用途，避免空间的浪费。

九、人性化照明笔（ZL201420786974.2）

专利简介：本实用新型为了弥补现有技术的缺陷，提供了一种结构简单，不易损坏的人性化照明笔。

技术创新点：笔帽上端通过转轴链接笔卡灯板，笔帽内部设置纽扣电池，微电感应器和蜂鸣器，笔帽外部一侧设置开关。结构简单使用方便。

应用前景及范围：设计出人性化的笔，并增加笔的照明效果，提高学习效率。应用于学习用品。

十、一种绘画临摹专用装置（ZL201520100980.2）

专利简介：本专利产品主要涉及一种绘画临摹专用装置，它主要包括杂物板、支架、金属软管、显像屏和摄像头组成。具有记录、复现绘画临摹食物的功能。该设计具有结构简单、功能实用、操作方便、经济、携带方便等优点。

技术创新点：设计具有结构简单、功能实用、操作方便、经济、携带方便等优点。

应用前景及范围：本产品主要应用于美术艺术创作，可以应用于教学辅助工具和创作工具，也可以作为一种教学示范工具，可以极快提高学员创作水平。

十一、一种金属管道修直装置（ZL201310498161.3）

专利简介：一种对金属管道进行机械修直的装置。利用金属管道固定装置外加固定支架对金属管道进行固定，利用可加长的修复杆和可以根据金属管道内径情况更换的修复头，可以对弯曲变形的金属管道进行修复。

技术创新点：填补对内径为矩形或多边形的金属管道弯曲变形的机械修复方面的空白。可加长的修复杆。牙状前端的空隙可以固定不同外径的金属管道。修复头的大小形状与金属管道内径大小形状相同，有利于修复金属管道弯曲的部分。本装置的优点是结构简单，可以完成对各种金属管道进行修直，可以节约成本。

应用前景及范围：可以对内径为矩形或多边形的因多种原因机械弯曲变形金属管道的修复。金属管道种类繁多、数量大，可应用于石油、化工、冶金、纺织、建筑、化肥、环保、化纤、电子等行业。

十二、塑料管弯曲修直装置（ZL201310498021.6）

专利简介：本发明公开了一种塑料管弯曲修直装置，包括固定基座、螺杆、修复头和加热套筒，螺杆和修复头为共转动轴线设置，螺杆与固定基座螺纹连接，螺杆两端分别伸出固定基座的两侧外，修复头一端连接螺杆、另一端呈锥形收缩状，修复头外侧固设有包覆修复头侧面及底面的夹套，夹套与修复头的外表面之间形成夹层，夹层内设第一电热丝；所述加热套筒的内圈套设有绝缘的内筒，加热套筒与内筒之间设有第二电热丝，所述修复头及其夹套均伸入内筒内，并且内筒与夹套之间设有用于容纳管子的环形间隙，固定基座朝向修复头的端面设有用于插入管子端部的插槽。本发明是一种可以将弯曲塑料管修直，并保证修复后的塑料管完好无损的塑料管弯曲修直装置。

技术创新点：利用本装置利用加热的方式，实现塑料管的修直，并保证修复后的塑料管完好无损。避免了机械力对被修复塑料管的损伤，且本装置结构简单，经济成本低廉。

应用前景及范围：更换不同加热头，可应用于不同形状的塑料管道修直，应用范围广泛。

十三、自行车转弯自动提示装置（ZL2201320380796.9）

专利简介：自行车是一种简单环保的代步工具，使用者在任何交通状况下都能利用它来锻炼身体。然而，骑车人往往不明白彼此的通行意图，是直行还是转弯，这将导致撞车事故的发生。据有关统计，日常中70%的自行车交通事故都发生在转弯的一瞬间。因此，如果自行车在转弯的同时，能够及时地发出必要的转弯提示，就可以有效地减少或避免上述事故的发生。目前，市面上的自行车转弯提示装置一般都需要人工手动操作，这在现实中存在着一定的安全隐患。为此，在自行车上安装一种能够自动提示转弯的装置就显得非常必要。

技术创新点：本实用新型包括指示灯、转弯装置、电源、电源开关、蜂鸣器、电源线。指示灯分别位于自行车的前管和后衣架上；通过电源线把电源与电源开关、转弯装置、指示灯、蜂鸣器相连接，转弯装置安装在自行车的前管上并形成一转弯开关；转弯装置的外壳为扁圆柱面状绝缘材料，在绝缘外壳的内部侧壁上附着有三段彼此独立的圆弧状金属片；金属触头与圆弧状金属片接触良好，金属触头安装在绝缘垫上，用两个销钉把绝缘垫固定在竖杆上。这样，当自行车转弯时，金属触头就会绕着自行车竖杆的中轴线并沿共面的圆弧状金属片左右滑动，从而实现自行车转弯的自动提示。

应用前景及范围：本实用新型涉及自行车配件技术领域，特指一种新型自行车转弯自动提示装置。

十四、一种折叠便携式感温提示勺（ZL201420260971.5）

专利简介：勺子是日常生活中一种常用的进食器具。由于人们在事先不知道食物温度高低的情况下进食容易造成烫伤，特别是对于不经事的婴幼儿更易导致严重的后果；因此，在对婴幼儿进行喂食之前，家长往往都会自己先尝试温度后再进行喂食，这样就容易引起家长和婴幼儿之间的交互感染。现有的市场上出现了一些测温勺，但是结构普遍较为复杂，大多采用温度传感器、单片机或电子数显温度计等设备，成本较高，使用寿命短。

另外，现有的测温勺不便于携带，特别是婴幼儿使用的测温勺，容易在携带时造成细菌污染，导致婴幼儿出现身体不适。

技术创新点：本实用新型包括勺柄和金属材料制成的勺头，所述的勺头尾端与勺柄前端转动连接；勺柄包括前勺柄和后勺柄；后勺柄包括呈长方体状的左后勺柄和右后勺柄；勺头内部设置有热敏电阻元件安装腔，热敏电阻元件、电源模块、设置在上勺板上表面的灯光提示装置及开关后组成串联电路。

应用前景及范围：本实用新型涉及一种感温提示勺，尤其涉及一种折叠便携式感温提示勺。

十五、一种医用输液自动止流与提醒装置（ZL201620165517.0）

专利简介：静脉输液是临床治疗中一种较为常用的治疗手段。在治疗过程中，当药液即将输完时，往往是由患者自己或由陪同照顾的家属通知值班护士取下针头或更换输液瓶；有时在药液输完时常常会因为患者或家属的劳累、疏忽、睡着等原因延误取针或换瓶，极易造成回血或针头被凝血堵塞的现象，给患者带来痛苦，给医护人员带来很多麻烦。为了在第一时间将输液情况告知护士，在输液后期，患者或家属须频繁地抬头关注输液瓶中液面的情况；这不但造成患者或家属身心疲惫，直接妨碍了患者的休息，而且过多地钳制医务人员精力，加重其身心疲劳程度，增加输液操作出现失误的可能性。

另外，现有的医院病床呼叫系统大多是通过有线连接方式进行数据通信，给安装施工带来很多麻烦，且安装布线成本较高；同时，现有的医院病床呼叫系统功能较为单一，不能及时有效地实现患者与医护人员的沟通。因此亟须一种能自动止流与提醒的输液装置。

技术创新点：本实用新型包括止流单元、检测单元和提醒单元，止流单元包括输液瓶瓶塞、止流管、止流管内套管和浮球，止流管的一端开口且另一端与输液瓶瓶塞连接，与输液瓶瓶塞连接的止流管一端内部设置有止流管内套管，止流管内套管上方的止流管内部设置有浮球，浮球内设置有磁钢，浮球位于最下端时封闭住止流管内套管上端开口；检测单元包括设置于输液瓶瓶口外部的磁场传感装置，提醒单元包括电控开关、声光报警装置和GSM短信报警器。本实用新型能够在输液完毕时实现药液的自动止流，并通过声光报警和信息通知方式向医护人员或陪护家属进行提醒，避免患者在药液输完后出现回血或针头被凝血堵塞的现象。

应用前景及范围：本实用新型涉及辅助医疗设备领域，尤其涉及一种医用输液自动止流与提醒装置。

十六、一种基于静电除尘技术的防尘纱窗（ZL201621070730.X）

专利简介：近年来，随着经济的快速发展，工厂排放的废气、汽车尾气、建筑施工产生的大量粉尘等等因素导致空气中的微细颗粒物越来越多，给人类健康构成了严重威胁，在日常生活中，为了保证室内通风，人们往往需要通过打开窗户进行空气交换；但是室外的微细颗粒物也随室外空气进入室内，使得室内的空气环境质量随之下降。

目前市场上出售的家用空气净化装置多为置于室内的空气净化器，未能实现在入风口处对空气进行净化；通过关闭门窗对进入室内的污染空气进行净化，这种方法"治标不治本"而且防尘净化效果也十分有限；有人尝试将纱窗与静电发生器连接以便提高纱窗的防尘效率，但是传统的静电防尘纱网结构复杂，并且防尘效果也不理想；因此，人们急需一种新型的基于静电除尘技术的防尘纱窗。

技术创新点：本实用新型提供了一种基于静电除尘技术的防尘纱窗，包括窗框和静电防尘纱网，静电防尘纱网通过可拆卸装置固定在窗框内；所述的静电防尘纱网包括静电发生装置、振打清灰装置和集尘槽，所述的静电发生装置包括阴极针装置、金属纱网和静电发生器，所述的阴极针装置包括横向杆和多根阴极针，阴极针的固定端垂直固定在横向杆上，所述的金属纱网由多个排列在同一矩形平面内的筒形纱网构成，相邻的两个筒形纱网之间通过绝缘棒固定连接；所述的振打清灰装置包括由绝缘材料制成的偏心单元和电机，偏心单元采用偏心转盘，偏心转盘的中心与对应阴极针的中心位于同一条直线上，偏心转盘中心开设有中心轴孔，中心轴孔内设置有与中心轴孔过盈配合的轴承，轴承内设置有与轴承过盈配合的中心轴，中心轴通过电机驱动装置与电机的输出轴连接，偏心转盘上偏离圆心的位置处还开设有偏心孔，阴极针的活动端通过偏心孔伸入筒形纱网且阴极针的活动端与筒状纱网的内壁接触，所述的电机由电机驱动电路驱动；所述的集尘槽设置在金属纱网下方的对应位置。本实用新型所述的基于静电除尘技术的防尘纱窗，采用了新型的静电防尘纱网结构，新型的静电防尘纱网结构简单，利用金属纱网、偏心转盘和阴极针的结合不仅能够生成静电场吸附灰尘，还能够振打清灰，方便实用；本实用新型所述的基于静电除尘技术的防尘纱窗，还采用了初级过滤网、静电防尘纱网和末级过滤网结合的三级过滤方式，最大限度的过滤了室外空气中的灰尘，防尘效果突出。

应用前景及范围：本实用新型涉及纱窗制造技术领域，尤其涉及一种基于静电除尘技术的防尘纱窗。

十七、一种速冻油及应用它的雪莲果速冻馅（ZL201510714806.1）

专利简介：本发明属于食品加工技术，涉及一种可用于速冻果蔬类馅料加工的专用速冻油及应用它制成的雪莲果速冻馅，包括它们的配方和加工方法。

技术创新点：本发明提供的速冻油组织状态细腻润滑，基本无分层和渗水现象，且使用此速冻油加工的速冻食品馅料、面皮易成型，无开裂，具有适度的流变性，与水果、花卉类馅料的风味契合度高。本发明提供的雪莲果速冻馅较大地保留了雪莲果的营养价值，加工方便，不添加人工防腐剂，安全健康；制成品色泽浅黄、常温下呈可塑性固态，果粒均匀分布，清晰可见，便于成型包制加工；加热后呈黏稠状流态，口感清甜微酸，适口性好，有清香，无异味。

应用前景及范围：目前市场上流通的速冻米面制品专用油脂通常用高熔点猪油、氢化油、棕榈油、水和乳化剂制成，适用于芝麻、花生、五仁等为馅料的传统速冻食品，与水果、花卉等清新、明快的风味不够契合，且原料均为饱和油脂，摄入过多会对人体健康造成一定影响。目前中国市场上以各类水果、蔬菜、花卉制成的馅料越来越多，速冻专用油脂也应细分化，基于此，本速冻专用油脂发明有较好的市场转化前景。

雪莲果原产于南美洲安第斯山脉，我国广西、海南、云南、江苏、河南等十几个省市有较大规模种植。雪莲果形似红薯，果肉含水量大，脆甜多汁，含有大量不被人体吸收的水溶性植物纤维，果寡糖，氨基酸和钙、镁、铁、锌、硒等微量元素，是典型的低糖水果，具有较高营养保健价值及良好的解暑、解酒功效。近年来雪莲果在我国的产量正逐渐增大，但对其加工利用仍然较低，目前市场上雪莲果速冻馅料还属空白。

本发明提供适合工业化生产的工艺技术，为两类产品的工业化生产提供契机。

十八、手自一体式家用面条机（ZL201520711663.4）

专利简介：主要设计一种一体式的面条机，特点是避免了机械用润滑油对食品的污染，而且快捷、方便、安全。

技术创新点：此面条机设计时主要增添了一种保护设施，进而使此专利利用时方便、快捷、安全、无污染等。

应用前景及范围：此专利可以加工出更好、更安全的面条机，适合于小型作坊和家用面条机。

十九、一种多用途微量滴定装置（ZL201620109158.7）

专利简介：一种多用途微量滴定装置，包括带有刻度的滴定管和上端连接的橡皮胶管，与滴定管上端口紧密接触。本实用新型提供的多用途微量滴定装置，制作简单，操作方便，成本低，滴定精度高，比现行广泛使用的酸碱滴定管节省滴定剂和试液10倍以上。

技术创新点：该滴定管克服了酸式滴定管和碱式滴定管的下端容易积留气泡、酸式滴定管下端活塞易粘接、易漏液和碱式滴定管橡皮胶管滴定前后恢复不到原位，影响滴定准确度的显著缺点。该滴定装置滴定前后不会产生气泡，保证测量精度和准确度，且可酸碱两用，可用作移液管，方便使用，节约试剂，滴定精度比普通滴定管高10倍以上。

应用前景及范围：该滴定装置制作简单，成本低，操作方便，可节约大量试剂和试液，属于绿色化学滴定装置，是国家倡导的环境友好产品，广泛应用于中学、各类高等院校、各类研究所、第三方检测机构、相关培训机构、农林水科研机构、工厂企业质检部门等进行滴定分析的领域，社会需求量很大，可批量生产，供应社会需求。

二十、一种葡萄酒软木瓶塞（ZL201620222968.3）

专利简介：现有技术中葡萄酒瓶塞为深入瓶内的软木塞，开瓶时需用特殊的开瓶工具，找不到开瓶工具时，往往将软木塞推入瓶中，甚至打碎瓶颈；即使有开瓶工具，在开瓶过程中，也有可能将软木塞向下旋入瓶内，或软木塞从中间断裂，增加开瓶难度，给饮用带来诸多不便。

技术创新点：一种葡萄酒软木瓶塞，瓶塞下部呈锥形，锥面与轴线有一定的夹角，瓶塞上部外露出瓶口，其直径大于瓶口内径，瓶塞中部直径与瓶颈直径相适应。本实用新型将软木塞下部设为有一定角度的锥形，减少压入、开启拔出软木塞的阻力，外露出瓶口的瓶塞上部进一步防止软木塞内陷，而且可辅助开瓶，简单方便实用，本瓶塞是在保证葡萄酒保鲜和保藏质量的基础上设计的。

应用前景及范围：该产品制作简单，成本低，操作方便，给使用者提供较大的便利，广泛应用各葡萄酒生产厂家、企业，社会需求量大，可批量生产，供应社会需求。

二十一、一种用废弃塑料桶制作的舀水工具（ZL201620109164.2）

专利简介：塑料桶是日常生活中常用到的包装工具，目前废弃塑料桶多被当废品回收或直接丢弃，缺乏进一步的开发利用。一种用废弃塑料桶制作的舀水工具，舀水主体为侧面有手柄的废弃塑料桶沿手柄及塑料桶体一分为二得到的上下两个单元之一，舀水主体连接加长支杆，加长支杆深入手柄内部，长支杆上部设保护套。

技术创新点：一种用废弃塑料桶制作的舀水工具，主体为侧面有手柄的废弃塑料桶，舀水主体连接加长支杆，深入手柄内部。本实用新型通过将废弃塑料桶加工得到舀水工具，可将其用于浇花、浇菜和其他所需。制作简单、成本低、安全环保、为废弃塑料桶开发一种新的用途和工具。

应用前景及范围：本专利产品利用废旧塑料桶加工而成，原料来源丰富，容易获取，产品加工简单可行，成本低，用途范围广，安全环保、市场大，前景好。

二十二、一种用废弃搪瓷碗制作的舀水勺（ZL201620109160.4）

专利简介：搪瓷碗是日常生活中常用到的餐具，搪瓷碗在使用中容易发生因碰撞或掉落而外保护层脱落的现象，外保护层脱落以后修补较困难，这时人们往往将其弃之不用，废弃搪瓷碗多被当废品回收或直接丢弃，污染环境，缺乏进一步的开发利用。

本实用新型通过将废弃搪瓷碗活动连接加长支杆得到，可将其用于舀水浇花、浇菜、深处打捞或其他所需，当需要近处使用或深处打捞时，可方便调节手持搪瓷碗的长度，便于使用。

技术创新点：本实用新型的目的就在于为解决现有技术的不足而提供一种用废弃搪瓷碗制作的舀水勺，给废弃搪瓷碗寻找一种新的用途。

应用前景及范围：本专利产品利用废旧搪瓷碗加工而成，也可以用塑料碗加工，制作方便，产品加工简单可行，成本低，安全环保，用途范围广。

二十三、一种新型住宅太阳能供暖系统（ZL201520552046.4）

成果简介：本实用新型的目的是提供一种新型住宅太阳能供暖系统，能够有效地将太阳能光伏发电系统与热水集热器系统进行结合，利用太阳能对用户生活热水及地暖用水进行加热，同时利用光电板和集热管代替部分建筑材料，高效利用太阳能实现供暖。

应用范围：本实用新型涉及一种供暖系统，尤其涉及一种新型住宅太阳能供暖系统。

技术特点：本实用新型分别利用住宅光电转换系统和住宅光热转换系统实现太阳能到电能和热能的转化，并将两者有机结合，达到节能效果。同时，本实用新型中太阳能光电板和集热管安装基座能够有效替代现有建筑物中使用的房顶面板和建筑物栏杆这些建筑材料，减少了建筑成本，同时高效利用太阳能实现供暖。

二十四、建筑物太阳能光电光热利用系统（ZL201520552069.5）

成果简介：本实用新型的目的是提供一种建筑物太阳能光电光热利用系统，能够实现太阳能光伏发电系统与太阳能热水集热器系统的独立使用及有机结合，利用太阳能满足用户部分用电和用热需求，同时还能利用集热管代替部分建筑材料，高效利用太阳能实现供暖。

应用范围：本实用新型涉及一种供暖系统，尤其涉及一种建筑物太阳能光电光热利用系统。

技术特点：本实用新型在使用时，能够利用建筑物光电转换系统将光能转换为电能贮存在蓄电池组中，为其他用电设备供电；同时利用建筑物光热转换系统对储水箱内的水进行加热。储水箱内的热水可作为生活热水及地暖用水。当储水箱内的热水温度无法达到使用要求时，还可利用建筑物光电转换系统中蓄电池组对储水箱内的辅助加热设备供电，利用辅助加热设备对储水箱内的水进行辅助加热。本实用新型分别利用建筑物光电转换系统和建筑物光热转换系统实现太阳能到电能和热能的转化，并将两者有机结合，达到节能效果。同时，本实用新型中集热管安装基座能够有效替代现有建筑物中使用的建筑物栏杆，间接减少了建筑成本，同时高效利用太阳能实现供暖。

二十五、一种用于窑居建筑的除湿通风系统（ZL201620263030.6）

专利简介：本实用新型涉及一种适用于窑居建筑的除湿通风系统，包括固体吸附式除湿转轮、送风机、全热交换器、太阳能水箱、换热器Ⅰ和Ⅱ；除湿转轮上设有室外新风入口、湿热废气排放口和干空气出口，干空气出口与送风机入口连接；送风机与换热器Ⅰ连接，换热器Ⅰ与全热交换器连接；全热交换器上设有送风管和回风管与窑屋室内连通，全热交换器上设有排风管与换热器Ⅱ上气体入口连接；换热器Ⅱ上气体出口与除湿转轮连通；换热器Ⅰ上设有地下井水输送管与内部盘管连接；太阳能水箱上设有热水供水管与换热器Ⅱ内部盘管入口连接，换热器Ⅱ内部盘管出口上设有回水管与太阳能水箱连接。本实用新型保证送风温度满足人体热舒适要求，能降低室内空气的湿度，达到节能目的。

技术创新点：本实用新型提供一种适用于窑居建筑的除湿通风系统，在保证送风温度满足人体热舒适要求的同时，并降低室内空气的湿度，并且有效利用清洁能源太阳能、地下水资源以达到节能的目的。

应用前景及范围：该实用新型既可以用于窑居建筑，经过理论分析除湿效果较好，目前城市中地下室普遍存在，并且地下室经常有人停留，若能够用于城市地下室的除湿通风，则能够极大缓解地下室居住人群的舒适性。

二十六、一种桥梁支撑装置（ZL201520887913.X）

专利简介：桥梁支撑装置，包括第一支撑部、主体、缓冲部和底板，所述第一支撑部的顶端设有上支撑部，上支撑面的上方设有桥体，上支撑面包覆设有一个支撑架，支撑架为十字形，第一支撑部的底端为外凸圆弧面，其圆弧延伸方向与桥体的纵向同向，该圆弧面上设有阻尼层；所述主体的底部设有缓冲部，缓冲部内设有减震装置，减震装置由碟簧组和减震胶块构成；所述底板设在缓冲部的下方，底板的底端设有多跟用于嵌入地面内的固定柱。

技术创新点：设置的支撑架能够增大支撑装置的支撑面积，设置在第一支撑部上的阻尼层够额外吸收一部分冲击力，以圆柱钢的转动来承担桥体的位移。

应用前景及范围：结构简单，使用方便，应用范围广泛。

二十七、换热器运行辅助系统及使用该系统的换热器系统（ZL201410045643.8）

专利简介：本发明涉及换热器运行辅助系统及使用该系统的换热器系统。其中换热器系统包括蒸发器、冷凝器和换热器运行辅助系统，换热器运行辅助系统包括固体吸附式制冷系统，所述固体吸附式制冷系统设有制冷系统冷凝器和制冷系统蒸发器，所述换热器运行辅助系统还包括用于将制冷系统冷凝器周围的高温介质向相应换热器系统的蒸发器输送的热输送装置和/或用于将制冷系统蒸发器周围的低温介质向相应换热器系统的冷凝器输送的冷输送装置。

技术创新点：该换热器运行辅助系统能够提高换热器的换热性能，结构简单，并能够充分利用太阳能，节能环保。

二十八、幼儿使用的粥杯（ZL201620220911.X）

专利简介：幼儿在磨牙未长出之前，要以流体食物作为辅食，但幼儿的自控能力较弱，无法自如进食，容易将碗中的食物泼洒，造成食物浪费也增加了看护者的工作量。而且看护者无法精确判断流体食物的温度，容易造成食物实用时的温度偏高或偏低，对幼儿口腔和食道健康产生不利影响。现有技术中也有一些可以盛装粥类半流体食物的容器，但是其底部容易滞留食物且无法完全吸出，造成食物浪费。该专利将解决这一问题。

技术创新点：本实用新型的目的是提供一种幼儿使用的粥杯，本实用新型结构简单，设计巧妙，保温效果好，不会造成食物残留。

本实用新型设计一种幼儿使用的粥杯，包括杯体、杯盖和罩体，杯盖内壁与杯体顶部外壁螺纹连接，杯盖端部与罩体铰接，杯盖中心处设有吸管，所述杯体由内杯层、外杯层以及两者之间密封的隔热腔体组成，内杯层底部呈弧面状，内杯层底端中心处设有与吸管配合的凹槽，如图所示。

杯层的温度，并将具体的数据通过温度值显示装置显示，成人可以精确把控喂食时间，防止粥在温度较高或较低时喂食幼儿。弧形手柄方便幼儿双手把持，且内杯层内的粥随着体积的减小，最终会流入凹槽中并被吸管吸出，不会造成残留。当杯体不使用时，为了防止被幼儿碰倒，可以通过橡胶吸盘稳定吸附在桌面上。

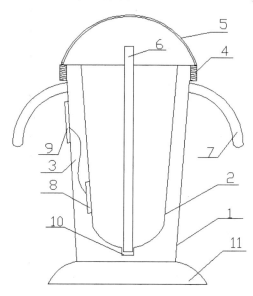

幼儿使用的粥杯

本实用新型与现有技术相比，具有如下优点：1. 通过温度测量装置和温度值显示装置能够有效监测内杯层内粥的温度；2. 内杯层底部的弧面和凹槽设计，有效防止食物的挂壁残留；3. 杯体底部的橡胶吸盘能够稳定吸附在桌面，防止本实用新型被幼儿或成人碰倒造成外部损伤。

应用前景及范围：供幼儿在初进辅食阶段辅助进食，防止食物撒溢，减少母亲喂养负担。

二十九、轻便钢板材吊具（ZL201520219432.1）

专利简介：本实用新型公开了一种轻便钢板材吊具，包括两根钢丝绳、四组吊钩装置和一个加强杆，加强杆的两端部对称设有穿线孔；各吊钩装置结构相同，均包括有一对平行间隔设置的连接板，两连接板的外端部之间铰接有吊钩，两连接板的内端部之间安装有转动装置；所述四组吊钩装置分布在所述加强杆的两端部的两侧，加强杆同一端部的两组吊钩装置共用一根钢丝绳；所述钢丝绳穿过所述穿线孔，且钢丝绳的两端均为起吊端，各起吊端均由转动装置与吊钩之间的间隙沿着转动装置穿过所述平行间隔设置的一对连接板，各起吊端分别设有吊圈。本实用新型使用方便、与以往相比提高了吊运板材4的效率，并提高了安全性，具有良好的推广应用价值。

应用范围：市场上常见型号轻便钢板材吊具。

技术特点：轻便钢板材吊具，其特征在于：包括两根钢丝绳、四组吊钩装置和一个加强杆，加强杆的两端部对称设有穿线孔；各吊钩装置结构相同，均包括有一对平行间隔设置的连接板，两连接板的外端部之间铰接有吊钩，吊钩的内侧外端部设有倾斜设置的脱钩斜面；两连接板的内端部之间安装有转动装置，转动装置与吊钩之间具有间隙；所述四组吊钩装置分布在所述加强杆的两端部的两侧，加强杆同一端部的两组吊钩装置共用一根钢丝绳；所述钢丝绳穿过所述穿线孔，且钢丝绳的两端均为起吊端，各起吊端均由转动装置与吊钩之间的间隙沿着转动装置穿过所述平行间隔设置的一对连接板，各起吊端分别设有吊圈。

三十、一种电气设备新型防触电插头（ZL201420761112.4）

专利简介：本实用新型发明针对实际生产、生活中出现的普通插头在插入时极易触电的问题设计了一种电气设备新型防触电插头，能在插头插入过程中电路中断，等插头完全插入人手离开后再通电，能够避免和解决插头在实际使用过程中的不安全因素。采用触电灭弧装置，利用永磁体来避免在电路突然接通时产生电弧或电火花。采用本实用新型所述的技术方案制造的插头在提高安全性的同时具有结构简单、成本低廉的特点，特别适用于家用电器及工业电器中的需要防止触电和电弧的插头。

应用范围：市场上常见型号防触电插头。

技术特点：一种电气设备新型防触电插头，其特征在于：所述的插头中只有一个插头芯（12），插头芯（12）活套在插头外壳内，插片（11）与L形插头芯绝缘外壳共同组成插头芯（12），插头内部装有静触点（15），静触点（15）与插头后的用电器用导线连接，插头外壳内部装有竖直的插头芯限位孔，插头外壳内部底部装有底磁（14），插头芯（12）活套在插头外壳内部，其中插头芯底部装有插头芯磁（13），插头芯磁（13）与底磁（14）为永磁体且同名磁极相对。

三十一、一种基于单片机的现场可编程智能控制系统（ZL201320721975.4）

专利简介：本发明公开了一种基于单片机的现场可编程智能控制系统，包括一组或多组由通过总线连接的主机、从机和扩展机组成的子控制系统；主机用于处理扩展机所采集到的现场信号,并通过扩展机向现场设备发出控制信号;从机用于现场信号的传输;扩展机用于现场信号的采集、转换以及向现场设备传送控制信号。本发明通过设置一组或多组子控制系统,每组子控制系统包括通过总线连接的主机、从机和扩展机;能够根据不同的现场可设计出不同的现场信号模块组合方式,代替接触器、继电器控制系统实现对现场设备的信号采集及控制,能够极大地降低企业制造成本,保证中小型企业中研发生产。

技术创新点:一种基于单片机的现场可编程智能控制系统,其特征在于:包括一组或多组由通过总线连接的主机、从机和扩展机组成的子控制系统;主机用于处理扩展机所采集到的现场信号,并通过扩展机向现场设备发出控制信号;主机由通过总线连接的处理模块、现场接口模块和现场信号模块组成;处理模块与上位机或其它子控制系统中主机内的处理模块进行通信;处理模块还通过现场接口模块与主机内的现场信号模块、从机和扩展机进行通信;从机用于现场信号的传输;从机由通过总线连接的现场接口模块和现场信号模块组成;扩展机用于现场信号的采集、转换以及向现场设备传送控制信号;扩展机由现场信号模块组成。

应用前景及范围:本发明通过设置一组或多组子控制系统,每组子控制系统包括通过总线连接的主机、从机和扩展机;能够根据不同的现场可设计出不同的现场信号模块组合方式,代替接触器、继电器控制系统实现对现场设备的信号采集及控制,能够极大地降低企业制造成本,保证中小型企业中研发生产。

第三节 部分纵向项目简介

一、高等教育中立德树人根本任务实现路径和工作机制研究(教育部人文社会科学研究项目 13JDSZ2030)

研究目的和意义:随着社会主义市场经济的深入发展,我国社会的经济成分、组织形式、就业方式、利益关系和分配方式日益多样化,促使当代大学生思想活动的独立性、选择性、多变性和差异性日益增强,价值观念也日趋多样。当代大学生绝大多数是"80 后"和"90"后,这一代大学生充分享受了改革开放带来的物质成果,而在精神文化领域却是矛盾的共同体。目前,高校大学生思想政治状况、道德品质、科学文化素质和健康素质良莠不齐。虽然当前大学生道德状况的主流是积极、健康、向上的,但也要看到,一些大学生存在着政治信仰迷茫、理想信念模糊、价值取向扭曲、有的受到拜金主义、享乐主义、极端个人主义影响较深等问题。高校人才培养工作面临的形势日益严峻。改革开放特别是党的十三届三中全会以来,在党中央的高度重视和各地区各部门的切实努力下,大学生道德教育工作取得了积极进展,在培养高素质人才,推动高等教育事业发展,维护学校和社会稳定等方面发挥了重要作用。但不断出现的大学生道德堕落和毁灭的事例说明,当代大学生道德素质仍然需要进一步提高。而在影响高校道德教育这一目标实现的因素中最重要的就是缺乏切实有效的措施。

大学生是人生观、价值观、道德观形成的一个重要时期,加强大学生的道德观教育,尤其重要。高校承担着为国家培养合格建设者和社会主义事业可靠接班人的神圣使命,必须站在对党和国家的前途命运负责的高度,切实做好大学生的道德教育工作,促进大学生的健康成长和全面发展。立德树人是实施道德教育的有力抓手，探索立德树人的实现路径和工作机制并达到实效，是思想政治教育工作者义不容辞的重大使命。项目试图在对当代大学生道德现状和高校立德树人工作开展情况进行调研的基础上，总结其存在的问题并探究问题存在的原因，在此基础上探索立德树人任务实现的有效路径和工作机制，并提出加强大学生道德教育的具体、切实可行的对策。因此，对这一课题的研究有助于深刻揭示和把握大学生道德教育的规律，对全面建成小康社会、构建社会主义和谐社会进程中加强大学生道德教育具有十分重要的指导意义；也有助于高校落实党的十八大提出的"立德树人"教育任务的精神，进一步提高高校道德教育的水平，培养德智体美全面发展的社会主义建设者和接班人，从而为我国高校思想政治教育事业做出贡献。另外，河南是一个人口大省、教育大省，但既不是人才大省，更不是教育强省，教育"供应"与经济社会发展需求之间的矛盾很突出。不论是要发展经济，还是要满足人民群众的就学需求，都必须重视发展教育，注重人才培养的质量。因此，对河南而言，本研究的重要性和实际应用价值更加明显。

研究内容及主要观点：首先通过广泛调研、分析问卷等，了解当代大学生道德现状和高校立德树人工作的开展情况，并结合国内外研究的现状分析当前大学生思想道德的特点以及大学生道德教育立德工作开展过程中尚存在的问题，进而分析大学生道德教育问题的主要原因；其次，分析高校立德树人的意义和要求；三是具体从高校、家庭和社会三个方面探讨立德树人实现路径和工作机制。

研究创新点：大学生的道德教育问题是当今世界普遍关注的话题，国内外诸多学者进行了相关研究。目前大学生道德问题总体研究呈现出内容上交又重复，数量多，系统性全面研究相对较少的缺点。学者们关于道德研究的文章，把大学生的道德教育命题作为一个系统专门研究的篇幅较少，尤其是对大学生的道德教育的策略研究缺乏创新性，导致了道德理论不能真正地深入到大学生的内心。因此，本课题组在参考国内外专家已有的研究基础上，进一步研究大学生道德教育的有效实现路径和工作机制，力争为高校开展立德树人教育工作提供理论参考和案例借鉴。

在研究过程中，项目组认为高校应根据时代的发展需求，结合大学生思想道德情况，采取多种方式有针对性地创新道德教育内容，包括社会主义核心价值教育、传统文化教育、素质教育、和谐意识教育、发展创新意识教育、明理意识教育等。在研究过程中我们着重分析如何有针对性地培育大学生的敬畏意识、明理意识、传统意识和创新意识。另外，项目组认为高校应实施学科渗透德育教育，尤其是除德育课之外的其他学科。如何潜移默化地在学科教育教学中进行道德教育，让学生在不知不觉中接受道德教育，在饱食知识的同时品味道德教育的甘露，也是本课题的研究重点和创新点。

二、产业集聚区运行机制的研究（河南省软科学研究计划项目132400410197）

研究目的和意义：为实现产业集聚区的"企业（项目）集中布局、产业集群发展、资源集约利用、功能集合构建促进农村人口向城镇转移"的内在功能，产业集聚区建设和发展中的运行机制问题尤显重要。只有良好的运行机制，才能适应不断变化的环境，保证产业集聚区内在应有功能的实现；我省产业集聚区建设中的现行运行机制总体是良好的，使省产业集聚区得到了很大发展，为中原经济区建设作出了重要贡献。当前我省产业集聚区建设和发展中的运行机制，还存在不少不完善的方面，如产业集聚区招商引资与定位的决策机制不完善；产业集聚区品牌效应与竞争机制不完善；管理人才引进与培训机制不完善等。这些"不完善"的机制，已经在不同程度上阻碍了产业集聚区的应有功能的进一步发展，需要及时研究解决。本课题分析机制不完善的原因的基础上，为进一步完善产业集聚区建设的现行机制，提出可行的对策与建议，为省政府和产业集聚区指导和进一步建设产业集聚区的决策提供参考依据。

研究内容及主要观点：本课题从我省现有的产业集聚区进行抽样调查，重点就运行机制（决策机制、激励机制、竞争机制、人才机制、约束机制）的现状进行分析。从中总结成绩和发现问题，在占有实际数据及具体资料基础上，分析问题及其原因，并针对产业集聚区运行机制上存在的问题，提出相应的解决问题的对策和建议。

第一，针对产业集聚区招商引资与定位的决策机制不完善，提出了产业集聚区必须重新制定新的有区别于其他同业的特色定位。以食品产业集聚区为例：各食品产业可以结合本地区的条件，在现有食品产业基础上，支持企业选择新的产品方向，如开发老年或儿童健康食品、绿色有机食品；有高科技含量的营养食品等，这不仅能与其他同业区隔开来，也符合产业创新方向，以新的产品定位优势，吸引更多相关的投资者；产业集聚区在招商引资时，应注重引入与区内已有企业能形成产业链的企业，需要从全省视角考虑，对现有产业集聚区进行整合，打造省内较完整的产业链。第二，针对产业集聚区品牌效应与竞争机制的不完善，提出了产业集聚区要创"名牌"，离不开特色定位的引领。品牌的核心是质量，产业集聚区的"质量"应该体现在能作出让投资经营者提供较低成本运行及良好服务的运营环境的承诺。当一个产业集聚区具有一定"品牌力"时，才能吸引更多的投资者，其建设与发展才能更上一层楼。为此，项目组建议：开辟建设一个食品集聚区、或以省内建设最好的集聚区为中心，其定位是能发挥我省粮食资源优势、能集粮食加工研发中心、有围绕粮食深加工的大型及中小企业组合的企业群，能不断开发出有竞争力的营养、绿色健康的食品，形成研发、生产、销售和服务一体化的产业群，以较低的成本优势，满足现实和潜在市场的需要。相信，这样的产业集聚区不仅能健康发展，也一定会全国范围内取得我省的独特的著名的品牌地位。第三，针对管理人才引进与培训机制不完善，提出了产业集聚区应引进经济学及产业经济学专业的本科生和研究生，在经过几年实践磨炼后，有望成为产业集聚区的专业管理人才。产业集聚区不只是招商引资，把企业引进区内，更需要为企业提供有利企业发展的产业链的配套服务和管理。充实和引进有产业经济发展专业理论和实践的专门人才，才能保证产业集聚区更好更快地发展。没有产业经济发展的专业理论和实践的专门人才，很难保证产业集聚区协调发展。

三、培育中原经济区核心竞争力的科技人才战略构想（河南省软科学研究计划项目 122400410028）

研究目的和意义：2011 年，国务院正式出台《国务院关于支持河南省加快建设中原经济区的指导意见》，建设中原经济区正式上升为国家战略。中原经济区战略目标定位是：国家重要的粮食生产和现代农业基地，全国工业化发展历程、城镇化和农业现代化协调发展示范区，全国重要的经济增长板块，华夏历史文明传承创新区。从现实需求来看，要实现这些战略目标就必须培育中原经济区的核心竞争力，而培育中原经济区的核心竞争力关键在于科技人才。

当今世界，人才资源已成为最重要的战略资源。谁抢占了人才的制高点，谁就掌握了发展的主动权，人才在综合国力竞争中和区域经济发展中越来越发挥着决定性的作用。科技人才成为重要的战略资源和国际竞争的焦点，成为制约经济增长和社会进步的关键因素。河南人口众多，但高层次科技人才匮乏，如何打造"人才高地"，如何实现"人才强区"成为推动河南经济发展的紧迫性问题。该课题基于这一背景，从构建中原经济区核心竞争力人才构成要素出发，选取科技人才质量、数量指标和核科技经济贡献率指标建立经济计量模型，通过实证分析，提出河南"科技人才强区"的对策建议。希望该课题的研究，能为中原经济区核心竞争力培育路径选择提供更清晰的指导方向，希望能对河南高科技人才培育、储备提供切实可行的对策建议。

研究内容及主要观点：分析了科技人才与区域经济建设、河南省科技人才的现状及存在问题。要实现中原经济区建设的宏伟目标，必须使政策、资本、人才、信息、管理、技术等要素快速集聚增长，在诸多要素中人力资源是第一资源，人才要素是第一要素，必须始终把优先开发人力资源、建设人才队伍放在首位，为中原经济区建设提供强有力的人才支撑和智力保障。研究中发现我省人才总量不足，行业分布与专业结构不合理，我省科技人才资源在区域、城乡、产业间的分布不甚合理，河南省高层次科技人才资源不足，科技人才发展平台建设不足，人才流失严重。

在研究方法上，主要采用实证研究与综合分析相结合的方法。通过实证研究中的第一个模型得出，河南省有5个地市科技状况总得分达到均值以上，分别为郑州、洛阳、新乡、南阳和焦作，说明这5个城市科技水平整体发展较好，这5个城市中除南阳外，基本是围绕郑州为中心或者说大部分是郑州的周边城市，说明河南省科技实力以郑州为中心呈集聚趋势，而位于郑州东部的开封和南部的许昌未能位列其中；其它13个地市的科技状况位于平均水平以下，说明还有待改进，平顶山、许昌和安阳是河南省极具竞争力的城市，但两个主成分均为负值，均未能超过平均数以上；商丘、濮阳、驻马店、周口和漯河第一主成分虽然为负值，但是第二主成分为正，而第二主成分主要解释了图书馆每万人藏书量和R&D经费内外部支出的比例这两个指标，说明这三个城市只要加大投入必能有所改善。从主成分回归模型可以看出，除指标7（R&D经费内外部支出）外，其它指标均对河南省GDP有正的影响，说明河南省如果R&D经费内外部支出的比例如果扩大，当年的GDP会有所降低，这并不稀奇，因为科技投入的比例配置不当对GDP可能产生负的影响；指标1（高校教师占总人口的比重）表明高校教师比例每增长1%，GDP将增长33.66亿元，这个指标是对河南省GDP影响力最大的因素，说明高校科技人才的投入是今后决定河南省竞争力的决定性因素；其它科技指标明显也对GDP有促进作用，虽然影响不如高校教师占总人口的比重这一指标大，但是其回归系数为正值，也说明了加大科技投入对河南省经济竞争力的促进作用。

人才问题是区域经济核心竞争力的关键问题，中原经济区核心竞争力的形成离不开科技人才。通过对中原经济区的主体河南省相关数据的实证研究发现科技人才和科技投入对区域经济发展至关重要，科技孕育环境、科技投入量将是今后影响河南省竞争力的决定性因素。中原经济区在科技人才战略中需要重视科技的培育，加快实施人才强区战略，进一步形成聚才、引才、用才的良好环境和政策优势，进一步加大科技投入力度，增强投入管理，在科技创新中进行科技队伍建设。

研究的学术价值、应用价值：本课题通过对培育中原经济区核心竞争力的科技人才战略构想问题的研究，探寻"高科技人才成长"的发展规律，对"人才强区"战略的落实和推广具有重要的研究意义。本课题从构建中原经济区核心竞争力人才构成要素出发，选取科技人才质量、数量指标和科技经济贡献率指标建立经济计量模型，通过实证分析，提出河南"科技人才强区"战略。在河南高科技人才培育、储备问题上给出了切实可行的对策建议，具有一定的实践价值。该课题的研究成果为政府相关部门在制定河南高科技人才引进及发展问题上提供了数据支撑和理论依据，一定程度上为政府决策部门在打造中原经济区建设核心竞争力问题上指明了方向。

四、"校园足球"决策下河南建业足球俱乐部发展模式研究（河南省软科学研究计划项目172400410137）

研究目的和意义：本研究通过对河南建业足球俱乐部的走访和深入了解，探明在国家"校园足球"战略下俱乐部的发展模式，并对河南建业足球俱乐部在"校园足球"背景下的发展模式进行研究，试图探求我国职业足球发展模式以及青少年足球运动员、教练员培养的模式，为我国足球俱乐部的发展提供可靠的理论依据，为我国足球运动的发展助一臂之力。

研究内容及主要观点：首先对河南建业足球俱乐部情况进行深入调研、了解运行情况，在此基础上对其在"校园足球"背景下的发展模式网点学校、集团出资、企业赞助、门票收入等进行具体详细的分析，找出不足。

河南建业足球俱乐部下设网点学校原则上为一个县一所，以地市级为单位构建网点学校联赛，重点培养8～10、10～12、12～14岁三个年龄段的学生，从中发现有限人才，进入建业梯队进行专业化更强的培养。网点学校的建立，能让更多平时没有机会深入了解足球的教练员更加系统专业化的提高自己；让学生的家长清醒认识足球快乐和孩子的未来；为学生进一步了解足球、喜爱足球打下坚实的基础。网点学校的建立让足球更加普及化、大众化、娱乐化，提高全民健身的基础；让农村尤其是留守儿童，有了快乐的童年，减少了因孤僻带来的各种烦恼；网点学校的建立让建业足球俱乐部成功的经验与社会共享，让更多的企业和全社会投入到对青少年足球的培养中，进而关爱青少年的健康成长。"网点学校"的建立，为建业俱乐部探究青少年球员培训模式开辟新的道路，为我国寻求足球发展之路带来新的思路与思考，代表了我国足球职业化改革以来青少年足球发展的历程。从商业上讲："网点学校"的建立，让建业的知名度进入青少年群体，并且会以正能量、更加迅猛之势影响到家庭，进而提高建业的社会知名度，为建业集团的各项商业开发打下坚实基础。

河南建业足球俱乐部主要是由河南建业房地产开发有限公司与河南省足球协会合作组建。河南建业房地产开发有限公司在河南建业足球俱乐部注入资金是保证俱乐部发展的主要资金来源。俱乐部由建业集团独资成立，建业住宅集团想把俱乐部做下去，俱乐部就会有生存的资金来源。但是建业集团的发展也不是一劳永逸的，一旦河南建业住宅集团的发展出现问题，或者集团对俱乐部发展不满意，河南建业足球俱乐部就有可能易帜。

河南建业足球俱乐部另一重要资金来源就是广告费，通过赛事为企业做宣传，企业出广告费，这也是所有足球俱乐部的一项重要收入。作者在走访河南建业俱乐部时了解到：河南建业足球俱乐部一年广告费收入为1000万左右，只占俱乐部一年收入的7%左右，建业俱乐部广告形式主要有球衣广告、内场翻转广告、LED 视频广告、户外大广告牌、场内播音员播报广告几个部分。从广告品牌来看，比较少而且单一，就广告费这方面河南建业足球俱乐部还有很大的挖掘空间。

门票收入是所有俱乐部的一项重要收入，河南建业俱乐部也不例外。河南省作为中国第一人口大省，球迷数量居全国之最，建业足球俱乐部拥有全国一流的球市。俱乐部经过多年经营，形成了可靠的观众群，河南建业球迷达 300 多万之众，在河南全省各地市共拥有 28 家球迷协会。但历年门票收入占比都是徘徊在 3%～4% 之间，因此还有很大的争取空间。

研究认为，目前建业足球俱乐部发展模式存在不少问题，比如建立的"网点学校"还较少，仅涉及小学和初中两个阶段，没有"网点高中"，足球教练员待遇较低等。项目组提出，俱乐部应建立更多的"网点学校"，以县级为单位举办各年龄组的比赛，每县冠军队再参加地市级的比赛，地市级冠军队参加全省的比赛，从中选拔优秀运动员，挖掘更大的商机，增加门票、广告、足球文化等方面的收入；完善"网点学校"培养模式，必须形成"网点小学"、"网点初中"、"网点高中"的培养模式；加强"网点学校"与非"网点学校"的交流与合作，从而丰富与完善俱乐部"网点学校"的培养模式；提高足球教练员的待遇，降低校园足球教练员的入职门槛。

研究的学术价值、应用价值：提高俱乐部的管理和经营水平，进而提高俱乐部自身的运转能力，摆脱依靠集团出资赞助的阴影，把俱乐部打造成一个靠自身经营来运转的企业。提高足球教练员的待遇，降低校园足球教练员的入校门槛。待遇的提高，不然会吸引越来越多的专业人才参与到校园足球教练的培训中来；尤其是对退役球员的转型，不但能安排退役运动员的工作，解决后顾之忧，而且大大提高校园足球教练的水平。项目研究成果被河南建业足球俱乐部采纳受到俱乐部赞扬，河南建业足球俱乐部运用此成果进行经营模式的改革，并收到前所未有的效果。俱乐部进行改革后经济效益得到大幅度提升，俱乐部管理得到进一步完善，俱乐部球队成绩也得到相应提高，社会对俱乐部评价一步步攀升。

五、供给侧视阈下本科经管类专业应用型人才培养的理论与实践探索（河南省哲学社会科学规划项目 2016BTY025）

研究目的和意义：高校本科经管类专业是应用型人才的供应侧，如何满足社会经济发展对经管类专业应用型人才的需求，以解决"需求"与"供应"的"两张皮"现象，是高校经管类专业改革迫切需要解决的问题。通过理论与实践两个层面的研究，探索普通本科院校经管类专业建设的必要条件及其实现路径，为地方政府指导普通校转型改革提供决策依据，也为普通院校经管类专业建设提供新的路径建设的建议。项目的研究有利于推动高校培养社会经济发展需要的应用型人才，提高大学生就业能力和就业质量，有利于高校教师专业实践教学能力的提高，有利于推动产教融合、实现校企合作的双赢。

研究内容及主要观点：项目首先对建设应用型本科经管类专业的相关条件界定，认为要建设应用型本科经管类专业，必须把产教融合、校企合作作为地方高校经管类专业建设的突破口，明确地方政府、行业、企业与高校四个方面各自己的责任和要求，形成地方高校经管类专业建设的必要条件。

其次，总结国内外关于应用型人才培养值得借鉴的经验，认为建构主义的学习见解对应用型人才培养有指导意义，行动导向型教学法是培养应用型人才专业能力的有效方法，项目教学法有助于提高学生解决实际问题的综合能力，国外国家法律政策的支持也值得国内借鉴，国内医学院应用型人才培养模式有借鉴意义。项目教学是跨学科、跨专业的综合课程，以项目教学为载体，就是要将整个专业学习过程分解为一个个具体的项目或任务，设计出一个个项目教学方案。各个项目课程应形成有层次、相互有联系项目课程体系，以构成对专业应用型人才培养的培养方案。整个学科知识的内容要安排和设计在一个个由简单到复杂的系列项目中进行学习。这对原来以学科为本的专业课程体系设置是很大挑战，但不是要取消原有学科的专业课程，而是要对其进行创新整合，要以各学科的专业骨干课程为基础进行项目设计，将其理论知识教学融入项目教学的实践中，可见，在学科的指导下，实施项目教学能更全面培养应用型人才。

最后，提出了经管类专业应用型人才培养实现路径。研究认为地方政府、行业需出台具体的法规和政策推动应用型人才培养，政府出台使企业既有责任压力、又有实际利益的法规和政策，以促进产教融合、校企合作的深入发展；行业协会要成为产教融合、校企合作的桥梁和管理机构，从行业的层面发布未来（五年后）的行业技术发展以及对各类层次的人才需求，对地方院校的专业人才培养计划的制定与实施进行指导；强化地方企业共同培养人才的责任和参与意识，视与高校合作是一种荣耀，在得到优秀人才的优先选用机会的同时，增添企业的公益形象、为企业品牌增添光彩；地方高校组建双师、双结构教师队伍，组建像医学院那样的"双师双能"型教师队伍，从师资人才引进的政策调整（规定有行业背景的要求）、对现有教师到相关企业进行专业实践能力再培养、吸收企业界管理人员担任实践指导教师，形成双结构教师队伍；创新高校经管类专业应用型人才培养模式，要有正确的人才培养定位的依据，要明确培养的人才未来从事工作的岗位群，要界定岗位群工作必备的知识和专业能力要求，并依据所需知识和能力要求，制定以"项目"为载体、学科为指导的人才培养方案，通过产教融合、校企合作的实践基地，实现应用型人才培养目标。

研究的学术价值、应用价值：本项目的研究重点是普通本科经管类专业供给侧改革条件的界定及建设。其独到见解是：应用型本科经管类专业建设必须具备必要条件，才能实现经管类专业应用型人才培养的供给侧改革。本项目成果是在他人研究的基础上，对经管类专业应用型人才培养的供给侧改革进行更为深入的研究，探索经管类专业应用型人才培养的机制及其建设的基本条件的界定与建设，提出了创新以项目教学为载体、学科为指导的建设经管类应用型人才培养模式实现的具体路径，从而保证本科经管类专业应用型人才的培养质量。研究成果为需要转型的普通本科院校的经管类专业提供具体建设和发展的理论依据和创新条件的实践经验，从而为政府及教育主管部门对普通院校的经管类专业的改革、实现应用型人才培养，提供相关决策依据和具体的实现路径，具有一定的社会影响和社会效益。

六、河南省独立学院学生体质测试研究（河南省哲学社会科学规划项目2016BTY015）

研究目的和意义：通过对河南省独立学院学生进行项目测试，并将测试数据与《学生体质健康标准》（以下称《标准》）进行比较研究，意在探明河南省独立学院学生体质现状，并对河南省独立学院学生体质现状进行具体分析，得出正确结论，提出建议及对策，制定出切实可行的教改方案，为推进河南省独立学院体育教学改革提供理论依据。

研究内容及主要观点：随着素质教育体系日臻完善，学生身心健康问题越来越受到社会各界的关注。近年来，关于大学生体质下滑的报道层出不穷，令人深思。独立学院作为高等教育的新生力量，其学生群体庞大，体质健康状况不容乐观，呈明显下降趋势。在教育多元化、竞争激烈化的大背景下，如何提升独立学院学生体质，将大学生身体素质锻炼融合到大学体育课堂教学中，通过整合教学资源和教学内容，改变现有教学模式，促使学生体质健康的全面发展，不仅是体育教学亟待解决的重要问题，还是独立学院所面临的一项紧迫任务。本课题通过对河南省独立学院学生进行体质测试，根据对测试数据的统计与分析，找出导致学生体质持续下滑的原因，探究影响学生体质健康的因素，并从国家、社会、学校等层面，提出了切实可行的对策建议，为改善独立学院学生体质提供参考，为高校体育教学改革提供依据，为制定《国家学生体质标健康标准》提供借鉴。

通过对河南省独立学院学生的身体形态方面、身体机能方面、身体素质方面等进行选择项目测试，并对测试结果进行分析，找出河南省独立学院学生体质变化规律，分析引起该变化的致因，以便提出切实可行的合理化建议及对策。研究发现，独立学院学生绝大多数家庭优渥，生活条件随着经济的发展而提高，生长发育好，身体形态主要集中在优秀和良好，但不论从身体机能、身体素质等指标来看，优秀比率较低，这说明学生缺乏体育锻炼。因此，项目提出如下建议：

独立学院各校建立学生体质测试实验室并由专人管理，实时监控学生身体形态的变化，每学期开学进行各项身体指标的测试，将不及格（肥胖）学生记录在案，专门为这部分学生制定锻炼标准，由实验室老师负责安排每周的锻炼时间、地点和内容，并将其体育成绩与学籍挂钩，制定奖励机制，以督促其积极参加体育锻炼；除完成正常体育课之外，每周增加1~2次中长跑内容，以提高学生的心肺功能和心血管系统功能，以及各项生理机能；普及校内体育赛事，班里组织以宿舍为单位的比赛，系里举办以班级为单位的比赛，把每次取得的比赛成绩和学籍挂钩，提高大多数同学参加体育锻炼的积极性，从而从根本上提高学生的各项身体素质。

研究的学术价值、应用价值：目前已有的研究主要以公立高校学生的体质健康测试居多，对独立学院学生体质测试研究甚少。而独立院校的大多数学生由于家庭状况良好，生活环境优越，致使其生长发育受到了严重的影响，很多指标都低于全国同龄学生，独立学院的体育教学改革势在必行。所以，现在对基于《国家学生体质健康标准》独立学院体育教学改革的效果进行探索研究，刻不容缓。本课题通过文献资料法、项目测试法、数理统计法和对比分析法，对独立学院大学生体质健康下降原因的具体分析，提出切实可行的教改方案，对在校学生以年级为单位进行体质健康测试。然后，根据在校学生体质健康测试结果的数据对比分析，探讨河南省独立学院体育教学改革的可行性及成效性，同时也为今后独立学院全面推进体育教学改革提供参考。

七、"互联网＋"模式下河南传统纹饰的设计创新及技术应用（河南省科技计划项目162102410075）

研究目的和意义：一些发达国家和地区非常重视传统文化的创新应用，鼓励设计人员运用现代理论和现代技术,重新整合传统文化资源,以艺术创造、创新为手段,研发创意成果,逐渐形成了巨大的产业规模,并因此获得了高额利润。与此同时,随着世界范围内各种文化的交流与交锋,由于缺少保护和传承的意识,中国传统文化的发展却不尽人意。在过去的十几年中,中国文化创意产业园的建设风风火火,各地政府纷纷推出特色文化服务项目,可是多数项目最终流于形式,没有达到预期的经济效益。如何应对世界多极化、经济全球化、文化多元化、信息高度化的时代环境所造就的日趋激烈的文化竞争,使文化软实力立于不败之地,是当下中国必须要认真面对的问题。

在这样的背景下,河南传统文化的传承和保护具有非常重要的意义。河南是中华文明的发祥地,有着丰富的历史文化资源,"盘古开天"、"女娲造人"、"河图洛书"、"三皇五帝"、裴李岗文化、仰韶文化等,都发生在河南。标志着中国史前时代结束和文明时代开始的商代文化更是独树一帜。河南商代的传统纹饰承载了中华文明在河南的发展和繁荣,是中原文化的杰出代表。这些纹饰揭示了一个时代社会生活状况和精神活动的内涵,是先民艺术水平和技术水平的集中反映,在我国历代纹样中具有鲜明时代特征。其中颇具代表性的传统纹饰有饕餮纹、夔纹、蝉纹、云雷纹、涡纹、弦纹和乳钉纹。这些纹饰的造型古拙、大气、寓意神秘、严肃、线条流畅、气韵生动,且具有以下特点:纹饰题材源于自然;带有神秘的宗教色彩;注重线条动感,表现生命活力;大都采用工整、对称的布局,整体性强;造型简化,效果夸张。这些纹饰中虽然不乏落后因素,但这是祖先留给我们的一笔宝贵财富,是值得我们借鉴和传承的。如今在河南我们经常可以见到商代纹饰的踪影,河南博物院、郑州火车站西广场售票厅、郑州博物馆等等,在这些建筑的设计中既采用了青铜器的造型,同时也修以云纹、乳钉纹等装饰纹样,既展示了河南特色文化艺术,又增强了城市形象,是比较成功的尝试。但是我们不得不承认这种基于河南传统文化的设计,尚未形成品牌价值和产业规模,更无法带来所期望的高附加值和高利润,对河南的建设也没带来多大的好处。故我们仍需深入研究河南特色文化设计创新,树立中原文化品牌,扩大中原文化知名度,这对带动区域文化经济的发展是非常必要和可行的。

研究内容及主要观点:本项目以河南商代出土青铜器上的纹饰为艺术原型,深入挖掘其寓意、文化特征,以饕餮纹饰台式灯具产品开发为例,论述河南传统纹饰的设计创新与技术应用的方法,提出艺术与现代技术的有机结合是实现河南传统文化的保护与传承的重要途径,并探讨在"互联网+"时代下河南传统纹饰特色产品的营销策略。

饕餮纹是河南传统纹饰中最具代表性的纹饰之一,根据所收集的资料显示,在国内饕餮纹常用在历史建筑、包装、标志等领域。由于图案本身具有狞厉、庄重之相,多以原型应用在需要体现厚重历史感和文化底蕴的设计中。目前鲜有关于将饕餮纹饰应用到室内台式灯具设计上的研究。本研究是将河南传统纹饰饕餮纹创新应用于台灯的外观设计中,已申请外观专利、实用新型专利并获得授权。

项目应用价值和应用前景:本研究成果主要应用于建筑室内装饰行业中彰显个性化和文化底蕴的设计中,如能受到重视和推广,河南传统纹饰的创新应用可以形成相当的品牌价值和产业规模,带来高附加值和高利润。同时本研究是对保护和传承河南地域文化做出的有益尝试,对推动河南文化创意产业的发展具有积极的作用。基于河南传统纹饰的系列产品开发,是立足于本土优势资源,有效宣传河南、扩大中原文化的知名度,给河南文化创意产业注入新的活力和发展思路。当前，河南已迈入了经济快速发展的新时代，建设国家中心城市背景下，定位为华夏历史文明传承创新区的河南出台了《河南省建设文化强省规划纲要（2005～2020年）》、《关于加快文化资源大省向文化强省跨越的若干意见》、《关于大力发展文化产业的意见》、《关于加快发展服务业的若干意见》、《河南省文化产业发展战略重点方案》、《河南文化创意和设计服务与相关产业融合发展规划（2015～2020年）》等一系列扶持政策为河南传统纹饰特色产品的产业化发展提供了坚实的基础，并指明了方向。在有利的形势下，河南文化创意产业要抓住机遇、依托于"互联网＋"模式，延长和拓宽产品生产的产业链，增大辐射面，多次产出，形成高附加值、高度整合的新型产业形态，成为河南经济发展的支柱产业。

八、基于"互联网+"的光伏 LED 路灯综合供电节能监测系统开发（河南省科技计划项目 162102210120）

研究目的和意义：路灯作为城市照明的公共基础设施，不但是城市建设的重要组成部分，而且与人们的日常生活密不可分，在城市的社会治安、交通安全和市容市貌中扮演着不可估量的角色。与此同时，路灯管理和控制水平的先进与否，直接反映着城市现代化文明程度的高低。随着无线通信技术的发展，高自动化程度、高可靠运行的路灯监控系统已经成为建设现代化大都市的一个重要标志。近年来，随着经济的发展和人口规模的不断增长，能源短缺、环境污染变得日益严重，已引起全世界的普遍关注。城市照明作为我国照明用电重要的一部分，其能耗问题已越来越受到党和政府的重视，随着无线通信和信息自动化技术的发展，传统的路灯监控系统模式已逐渐显露出弊端，不但电能利用率低，造成了能源的极度浪费，且管理方式落后，增添了不少人工巡检和维护的麻烦。

研究内容：本项目主要研究和开发基于互联网+的分布式大规模 LED 城市照明设施智能节能监管系统。该系统旨在将电子技术领域的新技术嵌入式 LINUX、"互联网＋"、分布式技术和 WEB-GIS 技术应用于城市 LED 亮化节能监管行业，以 S3C6410 作为处理单元、借助"Zigbee+GPRS"混合无线通信信息采集模式扩展不同环境下的智能控制方案，以 Web Service GIS 界面化控制为典型特征，研究和开发新一代的城市照明监管系统。在该系统中，大量路灯控制终端按照 Zigbee 的组网方式创建起来，监测路灯的各项运行状况并且能实现对路灯的开/关灯简单控制，通过 GPRS 网络将数据逐步传输到中心节点，再将其传输到系统上位主机的数据管理软件平台，并配合直观的分析结果图形，路灯布局，路灯运行状态显示，故障灯具定位，传感器分布显示等等。该系统充分利用了 S3C6410 嵌入式处理器和 uClinux 操作系统的强大管理功能，具有性能稳定可靠、实时性好、通信速度快的特点，为路灯管理部门提供一种新的路灯检测手段。研究和开发的主要内容有：

1. 嵌入式 LINUX 系统在 ARM 平台上的构建。本系统智能管理器以高速嵌入式处理器 S3C6410 为核心，构建了嵌入式 LINUX 系统平台，通过多线程编程技术实现对系统的传输数据任务进行优先级排序，合理利用 CPU 资源，解决信号传输冲突问题。对该系统的 MCU 移植了底层实时控制系统，实现了任务之间的切换，使得系统的实时性更好。

2. 智能照明系统多传感器信息融合的策略与方法。先采用 BP 神经网络算法对光环境探测数据进行了建模与训练，在特征层进行了数据的融合，得到了输入节点隐含层节点间的权值和阀值，隐含层节点与输出层节点的权值和阀值，通过调整这两个值得出我们期望的光环境场景。然后采用模糊推理方法，基于 Mamdani 方法用光照传感器、红外传感器和图像传感器在 Matlab 进行建模分析，进行一系列的模糊控制操作，来实现对不同光环境场景的切换控制。最后在模糊神经网络对训练好的数据及控制规则，完成了一个具有样本预测、自我学习和自适应能力的智能控制算法。

3. LED 路灯驱动控制单元的开发。采用 LED 驱动控制板来控制 LED 照明灯具的开/关，利用 RS485 协议实现路灯控制终端 MCU 与 LED 驱动控制板之间的通信。MCU 把该数据帧进行解析处理，通过 RS485 协议将数据传送给 LED 驱动控制板，LED 驱动控制板收到开灯命令帧后，执行操作，并通过 RS485 协议将路灯的状态信息返回给 MCU，从而完成整个 RS485 通信的过程。

4. 智能照明终端系统的开发。智能照明终端系统作为整个系统的主要组成部分，负责完成对 LED 灯的监控，完成对 LED 状态的获取以及设置 LED 的状态。采用 CC2530 的芯片来联系传感器和控制器，并通过该芯片的 ZigBee 模块向系统网关发送注册、状态信息和获取控制信息。

5. 系统网关节点的开发。系统网关采用 S3C6410 作为控制芯片，无线模块使用 CC2530 模块。软件设计将在嵌入式 Linux 上进行，这样有助于缩短软件的开发周期及提高软件的健壮性及以维护性。

6. 服务器及 WEB-GIS 的设计与开发。服务器节点分为三个部分，分别是 WEB 服务器、终端接入服务器和数据库服务器。三个服务器独立架设又相互联系。终端接入服务器作为 LED 智能照明系统中 C/S 架构的服务器，负责与众多的客户端交互，负责管理数据的来源，并将这些数据持久化到数据库服务器中。数据库服务器是整个系统持久化层，同时数据库服务器还用于同步终端接入服务器和 WEB 服务器。终端接入服务器和 WEB 服务器之间的数据交互均反应在发生的数据库中相关表属性的变化。WEB 服务器，通过前两个服务器提供的数据及接口，将系统功能反映到用户界面上。基于用户输入的对象位置信息，在经过系统处理后以 GIS 技术显示在地图上，并配合直观的分析结果图形，典型的应用有:路灯布局，路灯运行状态显示，故障灯具定位，传感器分布显示等等。

研究的应用价值和应用前景：该系统具有性能稳定可靠、实时性好、通信速度快的特点，为城市亮化建设、管理部门提供一种新的智能化城市 LED 亮化节能监管系统，对于我国智能城市亮化建设具有重大意义。智能化城市 LED 亮化节能将是中国城市建设未来十年发展的主要方向，各城市政府都十分重视城市亮化工作，不同程度的进行了城市亮化建设，把城市亮化工程的建设作为改善和美化城市环境的重要措施。让城市亮起来、美起来，称为各级领导和社会各界的共识。管理工作对保持城市亮化工程设施正常运行和良好的照明效果具有重要的意义。包括管理的科学化和管理的法制化。同时要利用现代化控制技术进行科学管理，不仅能保证亮灯率和设施完好率，还能保证经济实用，以取得最佳的效果。郑州市亮灯工程已经实施多年，每年政府都拿出专项资金对重点用电地区进行补助，选择太阳能板 LED 照明灯具，采用分时段控制路灯的开/关，每年可节约用电千万度，经济效益巨大。

九、河南省劳动技能人才开发现状及结构研究（河南省政府决策研究招标课题 2015B300）

研究目的和意义：在一定程度上，河南省劳动技能人才开发现状及结构是我国中部地区劳动技能人才开发情况的缩影和典型，在2012年河南省政府出台一系列的政策措施之后，河南省的劳动技能人才开发现状及结构如何，政策实施的效果是否理想，是否能够在中部地区乃至全国进行推广，值得进一步研究。在新型城镇化及经济新常态背景下，十三五阶段河南经济社会将进入一个快速发展阶段。十二五期间河南省劳动技能人才开发力度比较大，并取得了一定的成效，但是从整体上来讲，劳动技能人才总量严重缺乏，远远不能满足河南省经济发展的需求。

本研究试图通过对河南省内企业、劳动技能人才个人、培训机构、介绍机构的调查，了解河南省劳动技能人才的开发现状及结构存在的问题，以及政府出台河南省劳动技能人才开发、利用和管理的政策措施，为劳动技能人才开发和人才结构优化创造一个良好的成长环境。

研究内容及主要观点：首先对现实背景分析，说明目前在新型城镇化及经济新常态背景下，河南省劳动技能人才开发现状特征；以人力资本理论、人口迁移理论、培训迁移理论等相关理论，运用管理学、劳动经济学、产业经济学的相关方法，构建劳动技能人才开发理论基础。其次，根据理论分析与实证分析，构建劳动技能人才开发及机构的必要性和可行性，了解河南省劳动技能人才开发及结构优化现状及影响因素，学习借鉴国内外劳动技能人才开发的现有做法，扬长避短，对河南河南省劳动技能人才开发及结构优化原则及运作模式等提出具体意见。再次，在上述理论和实际分析的基础上，结合河南省经济社会的发展需要，针对河南省劳动技能人才开发的理论建设、环境建设、利益相关者缺位等问题构建基于新形势下河南省劳动技能人才开发的政策体系。

研究认为，河南省技能人才队伍开发的关键在于优化技能人才队伍建设的政策环境，同时，借鉴国外劳动技能人才开发的成功经验，结合河南省的实际情况，加强劳动者的技能训练，要不唯学历、不唯职称、不唯资历、不唯身份，不拘一格选人才，努力打造一支结构合理、技能熟练和专业吻合的劳动技能人才队伍，为劳动技能人才营造一个良好的成长环境。并提出如下具体建议：

1. 加大宣传表彰，转变社会对劳动技能人才的认知偏差。为了转变社会对劳动技能人才的偏见，采取以下三种方式让人们对劳动技能人才有正确的认识和理解。一是通过广播、电视、微信、报纸等媒体广泛宣传劳动技能人才的先进事迹及其对社会所做的贡献并对相关人和团队进行表彰。二是定期组织河南省范围的行业技术大比武活动，对在大比武中的优胜者给予物质和精神上的奖励。三是在全省用人机制上打破身份界限，完善技能人才社会流动的上升通道。

2. 把技能人才培养放在社会经济统筹的显著位置，纳入河南省十三五规划考虑。打破以往只有政府承担培养人才经费的方式，构建由政府、企业以及劳动技能人才共同分担技能人才培养经费的方式，真正实现财政专项资金专项使用。

3. 完善技能人才激励机制。具体措施有：（1）优化劳动技能人才薪酬福利待遇；（2）完善技能型人才职称评聘制度；（3）完善技能型人才的奖励政策；（4）完善"首席技师"和"技能大师工作室"政策。

4. 贯彻就业准入和职业资格证书制度，逐步完善技能人才评价体系。严格贯彻就业准入和职业资格证书制度，全面推行持证上岗制度，加快企业职工技能水平评价方式的改革，逐步健全以职业能力为导向，以工作为重点，注重职业道德和职业知识水平的技能人才评价体系。

5. 为了保障劳动技能人才的权益，我国应该尽快出台《职业技能开发法》。

研究的学术价值、应用价值：在河南省推进全民技能振兴工程的现实背景下，本课题采用社会学、经济学与管理学的基本理论与方法重点分析河南省劳动技能人才开发现状及结构，有助于对技能人才开发与管理理论的深化和补充，一定程度上深化和充实对技能型人才相关领域的研究，为区域人才开发与区域人才合作提供一定的理论依据，有助于丰富宏观层面高技能人才开发的理论研究，在一定程度上有助深化人力资源开发理论。研究提出的对策建议切实可行，对政府决策提供了重要的参考价值，对完善劳动技能人才开发和结构优化，充分开发劳动技能人才资源，提高河南省人力资源的整体素质和合作利用效率，促使人力资源更好地为河南省的开放开发服务，促进经济与社会的协调发展具有一定的推动作用。

十、基于物联网声表面波器件的高压电气设备无源测温系统（河南省科技计划项目 152102210002）

研究目的及意义：目前，我国正处于经济快速增长时期，国家电网的电力供电负荷日益增加，给电网电气设备带来了一系列的安全问题。为尽可能避免各类电力事故，应立即开展电力设备安全运营的实时监控工作。作为高压电网设备安全运行的主要环节，输变线路的接头温度实时监测工作就成了高压电气设备可靠运行的重点，在对以往电力事故统计资料显示，由电网设备温度过高引起的火灾占相当大的比例，这种火灾一旦发生，就会造成直接或间接无法估量的损失。原因主要是输变线路接头接触不良、表面氧化、接触电阻过高而引起温度升高造成的，如果能开展有效的早期预防措施，提前进行预警，将会有效避免事故的发生，故非常有必要对电网设备进行有效的精确的温度测量。

研究开发内容：本项目主要以物联网技术为基础、结合声表面波器件的频率检测特性而组建的基于智慧电网的高压电气设备无线无源的测温系统。该系统主要由硬件和软件两部分构成，硬件电路部分主要有声表面波器件的温度传感器、温度信号采集器、温度控制器、物联网传输路径传输等组成；软件部分则由 VC++编程软件实现信息的终端监控控制平台，实现对各区域内前端检测到的温度信号的识别、接收、计算、处理后将被测点的名称、温度值、预警信息进行打印和存储。

1. 无线测温单元：无线测温单元主要以声表面波温度传感器为基础，接触式测温，对高压电气设备的变电站开关柜、电缆头、户外刀闸、环网柜、箱式变电站、配电变压器、输电线路等触点的温度进行采集，完成接收询问射频信号，并返回带温度信息的射频信号到阅读器。

2. 数据采集器的设计：数据采集器即阅读器与安装在同一设备上的一组声表面波温度传感器，进行信息信号的发射与接收；在发射周期，采集器采用特殊算法发射 433MHz 频段内的无线信号，在接收周期，声表面波温度传感器返回的温度信号被阅读器接收到，完成放大、下变频、滤波，并转换成数字信号，最终实现温度的检测，并与上位的温度控制器通过 485 接口或 CAN 接口进行数据传输。

3. 无线中转控制器：无线中转器用于完成信号的识别、中转，以物联网技术为媒介，搭建监控中心控制平台与各温度控制器间节点的数据传输通路。

4. 信息监控平台：监控中心实现设备的运行管理，利用 C++编程实现信息监控平台，实现对各个区域内声表面波传感器发来的温度进行识别、接收、计算和处理，再经由计算机将获取的各被测点的名称、温度值、预警信息、存储情况、打印情况等进行实时的信息监控，实现防控、预防作用。

项目的应用价值、社会效益：智能电网的建设，使传统具有了高效、经济、清洁的特征，是现代电网的升级和跨越，代表着电网未来发展的方向，智能电网可以最大限度的利用资源，减少能源浪费。利用现代高新技术可有效改善能效，改善气候变化，促进经济恢复。智能电网技术可以帮助减少电辐射排放 15%，智能电网可监测工业用电情况，促进节能减排，减少温室效应的发生。智能电网的建设可有效引入新型能源发电的并网，减少向大气中排放大量二氧化碳等有害气体，有利于全球环境的保护，而智能电网的应用将大大减少二氧化碳等有害气体的排放量，促进可再生能源发展。

十一、超临界技术制备 Ru/C 催化剂活性机理及其优化研究（河南省科技计划项目 132300410184）

研究目的及意义：超临界流体技术是近年来发展起来的新技术，在很多领域均得到广泛的应用。在催化方面的应用主要集中在超临界催化反应、超临界流体干燥技术等方面。对于在超临界介质下对载体的表面改性处理、超临界的各种条件对超临界介质中浸渍制得负载型催化剂的微观结构及催化活性的影响国内外还鲜见报道。催化剂的催化性能及结构受制备方法的严重影响，负载型金属催化剂的制备方法有：浸渍、共沉淀、溶胶-凝胶法、化学气相沉积等。浸渍方法中溶剂的蒸干和高温还原会造成金属颗粒的积聚。这种技术通常不能用凝胶做载体，因为液体高的表面张力会造成孔塌陷。共沉淀法很难控制金属颗粒晶相。对于溶胶凝胶法，金属前驱体可能发生聚合反应造成材料不利的孔性质。尽管化学蒸气沉积法可以得到在载体表面获取高纯度的金属薄膜，但在制备中遭受一些条件限制，如前驱体低的蒸气压、传质受动力限制、热压产生等不利因素影响。采用超临界流体技术可克服上述不足。超临界流体的传质速率快，表面张力小，活性组分的前驱体便于进入微孔，采用超临界流体浸渍、吸附的方法可以在较短的时间内得到分散均匀性能较好的催化剂；超临界流体的表面张力小，不仅使得前驱体更容易浸润到载体的表面和孔内，提高活性金属与载体间的相互作用力，而且还能有效避免普通溶剂所带来的一些载体的坍塌破坏。因此采用超临界流体技术制备负载型催化剂，有望有效提高金属的分散度、增强载体和金属间的相互作用力、提高催化剂的催化性能，并提高贵金属的利用率或降低贵金属的用量；同时利用多种表征手段探寻超临界流体条件与催化剂微观结构、性能的关系，研究超临界条件下的吸附模型与动力学规律，以确立超临界流体技术制备负载型金属催化剂的新机制，也可为其它负载型催化剂的超临界条件下制备提供借鉴。主要研究内容：

1. 使用无机盐加助溶剂代替昂贵的有机金属前驱体进行研究，对超临界方法的条件进行探索。由于以往的 Ru/C 催化剂均使用有机金属前驱体进行浸渍，而所拟使用的催化剂活性组分价格昂贵，所以先应用无机化合物硫酸铜在多孔氧化铝上浸渍，观察不同的温度、压力、浸渍时间等对浸渍效果的影响。研究发现：与传统制备的催化剂相比，超临界流体中制备催化剂具有吸附速度快、负载量大、分散均匀的特点；提高压力和前驱体的浓度对增大载体的吸附量有益，合适的温度和助溶剂的量对吸附量有益。

2．以无机物三氯化钌为活性前驱体，活性炭为载体，采用超临界 CO_2 为介质浸渍法制备了负载钌/炭催化剂，钌/炭催化剂在葡萄糖催化加氢反应中显示了很好的活性。同时对于所制备的催化剂以 N_2 吸附-脱附、TPR、TEM 等方法进行了分析研究。实验结果表明，影响催化剂活性的因素中影响大小的顺序为超临界温度＞超临界压力＞助溶剂的量＞浸渍时间，制备 RuC 催化剂的最佳超临界处理条件为：温度 313 K，压力 8 MPa，甲醇 4 ml、浸渍时间 9 h。加氢速度达到 86.35mmol·min-1g-1Ru，和传统水浸渍方法制得的催化剂相比，高出 42.96%；超临界 CO_2 浸渍方法能够使 Ru 均匀分布在活性炭表面和孔内，提高 Ru 的分散度和 Ru 与活性炭表面的相互作用。Ru 与活性炭相互作用的增强改变了还原温度，从而提高了催化剂的加氢活性。

3．利用超临界流体对载体活性炭进行改性作用。结果发现不同的超临界流体对活性炭表面结构及官能团的影响不同，经超临界甲醇改性后的活性炭表面的酸性含氧官能团含量明显降低，尤其是羧基的含量减少的更多，因此避免还原过程中钌的迁移聚集，使负载钌的分散度提高，有利于增强活性组分 Ru 与载体活性炭之间的相互作用，提高了催化剂的还原温度及催化活性；经超临界二氧化碳处理后的样品表面官能团的总酸量变化不大，但羧基和酚羟基减少而内酯基增多，其主要原因是在超临界二氧化碳的条件下活性炭表面的羧基和酚羟基发生酯化反应生成内酯基而造成的，而这种结果则使得催化剂在还原过程中更利于 Ru 的分散，因此也使得处理后载体制备的催化剂上 Ru 的分散更均匀，颗粒度更小，有利于葡萄糖加氢反应活性的提高。

4．以碳材料—多孔碳纳米管 MWCNTs 作为载体，$RuCl_3$ 为活性金属前驱物，应用 SCCO2 流体浸渍方法制备 Ru/MWCNTs 葡萄糖加氢催化剂，得到一些有意义的结果。Ru/MWCNTs 催化剂的催化活性高于 Ru/AC 催化剂，这与碳纳米管表面的电子状态有关。超临界浸渍方法与水浸渍方法相比能使活性金属更有效的进入 MWCNT 的孔内；特别是对于细管更为明显，研究表明 SCCO2 流体浸渍能使活性金属有效的进入内径仅为 2～5nm 的碳纳米管内，该方法对于解决将活性金属引入细纳米管的难题有重要的意义。超临界浸渍方法不仅提高活性金属的吸附量，且增强了活性金属与 MWCNT 载体间的作用力，提高了 Ru 的吸附牢固度，减少了在使用过程中活性金属的流失率，进而可以提高催化剂的活性稳定性。

研究的应用价值：采用超临界流体技术制备负载催化剂，有望有效提高金属的分散度、增强载体和金属间的相互作用力、提高催化剂的催化性能，并提高贵金属的利用率或降低贵金属的用量，且以金属无机盐为火星金属前驱物可降低该技术的经济成本；同时利用多种表征手段探寻超临界流体条件与催化剂微观结构、性能关系，研究超临界条件下的吸附模型与动力学规律，以确立超临界流体技术制备负载型金属催化剂的新机制，也可为其他负载型催化剂的超临界条件下制备提供借鉴。贵金属催化剂由于其优异的催化性能在催化领域占有极其重要的地位，在负载型贵金属催化剂中，负载钌是重要的贵金属催化剂，钌在有机物如烯烃和醇的催化氧化中具有好的活性，同时还具有良好的羰基等的加氢性能，在低温低压下实现了氨的合成，负载钌催化剂应用领域广泛。因而对负载钌催化剂进行开发研究具有重要的理论意义和工业应用前景。

十二、河南农村产权流转交易市场体系培育机制与成长动力研究(河南省社科联调研课题 SKL-2015-2638,获优秀调研成果奖一等奖)

研究目的及意义:国务院办公厅印发《关于引导农村产权流转交易市场健康发展的意见》(以下简称《意见》)。要求坚持公益性为主、坚持公开公正规范、坚持因地制宜和坚持稳步推进的基本原则,引导农村产权流转交易市场健康发展。河南 2015 年度工作纲要指出推进农村产权制度改革,持续深化土地管理制度改革,以重点领域改革带动改革的全面深化。所以,研究河南农村产权流转交易市场体系建设与成长机制,是推动农村产权制度改革的一项重要举措,符合当前的实际需要。专门针对河南农村产权交易研究的理论比较少,特别是新形势下建设河南农村产权交易市场体系的理论支撑还非常薄弱,亟待发展和创新。因此,研究农村产权交易市场建设问题,具有较高的理论价值和较强的实践指导意义。

研究内容及主要观点:通过对现代产权理论和产权交易理论的介绍和总结,构建农村产权交易的理论基础,对目前我国农村产交易理论的相关研究进行归纳总结,为完善和构建新型农村产权交易市场奠定理论基础;结合调研问卷和访谈记录,通过对农村耕地流转、集体建设用地流转及其他产权流转现状分析来反映河南农村产权流转交易市场发展状况;通过对其他各地农村产权交易市场发展背景、现状及运作模式的分析,总结我国农村产权交易市场发展过程中成功之处和存在的共性问题,为培育和完善河南农村产权交易市场奠定一定的实践和理论基础,并为河南其他地区的农村产权交易市场体系建设提供一定借鉴;提出河南农村产权交易市场体系培育机制:政府对农村产权交易市场体系的引导和支持、河南农村产权交易市场体系的构成、监督管理机制;分析促进河南农村产权流转交易市场体系成长动力,主要包括明晰产权,明确产权主体;完善产权收益分配制度;加大宣传力度,提高公众认知水平;加强县、乡为重点的产权交易所建设;规范承包地流转交易和拓展交易品种;完善财政补贴,加速土地流转等六方面。

研究中形成了以下主要观点:1. 分析了河南农村产权交易的现状:根据对 1500 个农户的调研发现农村耕地、宅基地等产权的流转呈现以下特征:流转户数和流转耕地数逐年增加,并且以中长期为主,耕地多以转包的形式流向土地经营大户,流转户数逐渐意识到签订正规合同的重要性,土地流转收益有待加强,多是每年每亩地 500 元左右的收益,流转出去的耕地出现非粮化经营,流转原因多是无人耕种。对宅基地仅作了简要分析,其他产权获取资料过少,作为以后研究的方向和重点。2. 提出了构建河南农村产权交易市场体系:文章以河南农村产权市场发展现状为切入点,分析市场体系的培育机制,以郑州农村产权交易中心为龙头,各乡镇土地交易服务中心为依托,提出建立综合性的河南农村产权交易市场体系。最后提出农村产权交易市场的成长动力。3. 分析了河南农村产权交易市场体系成长动力:本文基于笔者产权交易相关经验,针对性地提出了河南农村产权交易市场发展议,具体从明晰产权,明确产权主体;完善产权收益分配制度;加大宣传力度,提高公众认知水平;加强县、乡为重点的产权交易所建设;规范承包地流转交易和拓展交易品种;完善财政补贴,加速土地流转。

研究的学术及应用价值:研究河南农村产权交易市场的建设和完善,有助于推动河南推动农村资源资产流动化资本化,而且为河南农村发展、农民收入的提高提供更好的环境和平台,为河南 5 个农村产权交易中心试点(郑州、新乡、信阳、济源、兰考)的建设(济源已建成河南首个农村产权交易中心)及 2017 年基本建成农村产权市场体系的目标,并为以后的运营过程,提供决策参考。

深化农村改革的背景下,农村产权交易是关乎农村发展,解决三农问题的关键课题,符合经济新常态下国家打破城乡二元经济结构、促进新农村建设、加快新型城镇化步伐的政策引导,其发展越来越多的受到国家、各级政府和社会的多方面关注。与此同时,由于目前全国各地都在探索农村产权交易市场的发展路径,经验相对较少,该领域面临的困难和风险较大,对于政府而言提出了较高的创新要求,创新农村产权改革、建设符合当地发展的交易模式至关重要。 课题将还对农村产权交易,尤其是对农村林权、四荒地使用权、农业类知识产权、农业生产设施设备、小型水利设施使用权等其他农村产权流转进行更为具体、全面、深入的研究,以期农村产权市场的建设和发展能够切实为农民服务,促进农村经济发展,推动全面实现小康社会目标。

十三、河南失地农民教育培训研究(河南省社科联调研课题 SKL-2016-2864,获优秀调研成果奖一等奖)

研究目的和意义:伴随着我国城市(镇)化、工业化的发展,城镇化的速度也相应加快. 城镇化的实质是农村劳动力的转移,而转移的前提是解决好就业问题。大量的农业土地转化为城市(镇)用地,导致大量的农民失去了安身立命的土地。越来越多的失地农民成了种田无地、就业无岗、低保无份的"三无"农民,他们处于城市的边缘,随之也产生一系列的社会问题,如失地农民的社会保障问题、再就业问题、失地农民的生计问题等。如何解决失地农民问题关乎社会稳定,相对于完善征地补偿制度、建立社会保障体系等措施,加强对失地农民的教育和培训,积极鼓励和帮助失地农民再就业,是确保失地农民尤其是中青年失地农民实现可持续生存和发展的有效途径之一。因此,探讨失地农民的教育培训问题,有十分重要的现实意义。

研究内容及主要观点:首先通过对河南省各地市区实地调研,分析了河南省失地农民教育培训的现状、存在的问题以及影响失地农民教育培训效果的主要因素。研究发现问题主要体现在失地农民教育培训机制存在问题、教育培训的市民观教育问题、就业观念问题、教育培训的绩效问题、失地农民的参与积极性问题、政府宣传力度不够等方面;影响失地农民教育培训效果的主要因素包括政府因素、农民自身因素、培训机构因素、经济能力的限制、培训内容实用与否等方面。

其次,依据调查失地农民教育培训现状并对影响该现状的各影响因素进行分析,并参考河南省实际情况,提出了如下建议:1. 政府转变自身职能,完善保障机制。加大宣传力度,保证这一惠民政策的落实,积极调配资源,建立健全培训政策的保障机制,调动各参与方的积极性。2. 保证经费的投入,建立合理的经费保障机制。(1)建立相关法律法规来保障失地农民教育培训经费的投入。(2)政府适当增加教育培训经费的投入。(3)建立由政府、企事业单位、个人以及社会力量捐助等多方参与的投入机制。3. 建立新的培训模式,加强培训渠道的多样性。开展以职业院校为基地的教育培训,成立失地农民教育培训中心,根据市场和用人单位需求有针对性地进行培训,借助农村远程教育开展失地农民教育培训,围绕区域特点和产业特色开展培训。4. 改革培训内容，构建科学合理的课程体系。失地农民教育培训是一个系统工程，为保证该系统工程有序有效地进行，这就需要政府或培训机构建立一套合理的培训课程体系。根据市场需求，考虑失地农民的自身受教育程度，选择合适的培训内容，有计划、有步骤地开展。同时，加强培训后的跟踪调查与反馈，并将跟踪意见反馈到培训主题单位，方便培训单位掌握培训情况，有助于增强培训效果。5. 有针对性地开展有特色的再就业和创业培训。开辟第二、三产业的再就业培训，转变失地农民的就业观念，鼓励失地农民自主创业，扎实开展农民创业培训。6. 注重心理教育培训，提高失地农民的自我发展能力。普及心理保健知识，促进失地农民心理健康发展；注重心理辅导，增强失地农民的主观幸福感；强化心理技能培训，提高失地农民的自我救助能力。

研究的学术、应用价值：通过本项目的研究，可以对河南失地农民教育培训起到一定促进作用。具体体现在以下方面：1. 完善政府部门对于失地农民教育培训机制。目前，虽然多地区政府部门采取了一定措施，并制定了一系列针对失地农民教育培训的机制，但是由于缺乏经验、对失地农民的状态把握不清，完善政府部门对于失地农民教育培训机制，有助于政府部门更好地制定政策和措施。2. 失地农民改变自己的市民观、就业观。失地农民由于自身素质相对偏低，交际能力前欠缺，对自身认识不够，树立正确的市民观、就业观，有助于他们更快、更好地适应城市生活。3. 教育培训机构完善自身缺陷。目前，承担失地农民教育培训的机构规模小、课程单一、经费利用混乱、管理人员不够专业。教育培训机构完善自身的缺陷，对培训资金的合理利用、培训专业的设置、因人施教和因地制宜，有着尤为重要的意义。

项目组希望通过研究，能够引起失地农民、培训机构、政府等多方面的共同重视，总结国内外失地农民教育培训发展的经验，结合当前河南省失地农民的生活状况和教育培训的现状，多方形成合力，构建科学的教育培训模式，丰富职业教育研究领域，以期能为河南农业和经济发展提供有效的人才与技术支持，促进河南农村经济的发展和农业的现代化，推动河南城镇化的建设，并为有关部门的相关决策提供参考。

十四、彩色 3D 打印装备系统关键技术研究（河南省科技计划项目 142102210509）

研究目的及意义：3D 打印是制造业有代表性的颠覆性技术，实现了制造从等材、减材到增材的重大转变，改变了传统制造的理念和模式，具有重大价值。熔融沉积成形技术（FDM）是众多 3D 打印技术中广泛应用的一种，具有 3D 打印技术的共有优势；制造复杂或多样化物品不增加成本；产品可一体化成形无须组装；按需就近打印缩短交付时间；自动化加工降低劳动强度，柔性化程度高拓宽设计空间等。但目前市面上基于熔融沉积成形技术（FDM）的 3D 打印机均有打印件颜色单一的缺焰，仅能与所用耗材颜色一致，这限制了该技术的广泛应用。

国内外现有少量相关彩色 3D 打印机的研究报道，但其原料混合比例有限，且只是三股熔融料丝的机械黏合，料丝之间以一定的距离互相旋转结合起来，混合部分较少，不能实现真正意义上的彩色打印。本项目的彩色 3D 打印机着重进行了混色喷头的优化设计以及控制系统的设计，打印件料丝混合均匀，色彩丰富，研究成果对 3D 打印技术的推广应用具有重要意义。

研究主要研究内容：项目的主要应用领域为 3D 打印行业，用红、黄、青三料丝作为基色耗材，通过软件和合理的参数设置控制各料丝的相对进料长度．在 3D 打印机喷头内使三基色料丝进行熔化充分混合并从喷头挤出，最终可打印彩色零件。

1. 设计了三进料一出剂的特殊结构彩色 3D 打印机挤出机喷头，该喷头由散热环、喉管、喷嘴等部件组成。

2. 开发了彩色 3D 打印机电子控制系统。本彩色 3D 打印机电子控制部分采用 Rumba 基于 Mega2560 的 AVR 处理器控制板，有 5 个温度传感器接口输入，可以同时测量多挤出头、热床温度和环境温度；支持 6 个 A4988 16 细分步进驱动板，可以提高打印机分辨率。

3. 本项目对普通切片软件进行了二次开发，编写了彩色切片软件。通过 M163 命令，可以在打印不同层厚时通过改变三原色料丝进利比例改变打印颜色，再通过 Ml64 命令保存当前混合比例，即可在打印机工作时调用不同比例设置的挤出机进行彩色打印。

4. 对比分析了各种 3D 打印机机架结构的优缺点，为了使所研制的彩色 3D 打印机具有较高的结构稳定性和整齐的外观，设计了矩形盒式结构机架。

5. 通过对彩色打印机 X 轴、Y 轴、Z 轴以及挤出机步进电机分辨率的分析，说明了该彩色 3D 打印机在机械上具有足够高的打印精度。

项目的应用价值、社会效益：随着 3D 打印技术的普及，"大批量的个性化定制"将成为重要的生产模式，同时 3D 打印与现代服务业的紧密结合，将衍生出新的细分产业、新的商业模式，创造出新的经济增长点。本项目通过大量的研究工作，解决了普通 FDM 3D 打印机制作样品颜色单一的问题。彩色 3D 打印机的出现，将极大增强产品的表现力，大力激发人们的个性化需求，将刺激全球形成一个数百亿甚至数千亿元规模的文化创意制造产业。

十五、数控系统智能故障诊断维修实验平台研制（河南省科技计划项目 132102210389）

研究目的及意义：故障诊断技术是保证数控机床安全可靠运行、提高用户服务质量的重要手段之一。国内外相关研究机构在数控机床故障诊断方面展开了广泛的研究，在数控系统自诊断和 PLC 技术等方面取得了很大进展。但是由于传统数控系统的封闭性，仅通过自身的诊断机制检测电气状态，或者依靠操作人员和排故人员的主观经验判断故障，无法获取并分析影响加工质量的主轴或进给系统的载荷信号，也无法为远程机床用户提供在线的诊断维修服务。

研究主要研究内容：本项目研制的数控系统智能故障诊断装置即采用结合软件仿真技术的互换检测法进行故障诊断。通过仿真数控系统（机床）中除数控装置以外的部分，来检测数控装置及外围设备的故障。通过研制的微控制器构成的电子装置及其嵌入式软件，可以模拟某种外围设备与数控系统主机的连接关系，与数控系统主机之间进行脉冲、模拟指令和开关量信号收发，维持数控系统主机，并显示真实外围设备对应的运动和相关量值。并且通过添加、修改该电子仿真装置内存储的参数，如伺服轴数、进给和主轴传动比、各轴进给行程、脉冲倍率等，可以模拟多种不同配置和参数的数控系统外围设备。通过该种电子仿真装置替代原数控系统外围设备，可以协助数控系统主机进行无危险的参数调试和 PLC 程序调试，实现某种数控机床的快速装调，实现互换法故障检测，确定数控系统故障的位置。

1. 通过数控系统智能故障诊断维修实验平台替代原数控系统外围设备，可以协助数控系统主机进行无危险的参数调试和 PLC 程序调试。

2. 该平台可以实现某种数控机床的快速装调。

3. 该平台可以实现互换法故障检测，确定数控系统故障的位置。

项目的应用价值、社会效益：本项目所设计的实验平台可以通过其硬件接口、显示器和内部软件系统，模拟数控系统中机床、伺服、主轴分部件的运行，从而对数控系统主机起到调试辅助的作用；同时借助于这种方式还可以检查数控系统主机内参数、PLC 程序、加工程序的错误和接口硬件故障，以及推测机床、伺服、主轴等其他硬件的故障，起到故障诊断的作用。本项目所设计的实验平台将大大提高我校数控技术专业的实习实训水平、培养专门的数控维修人员。同时也可为同类学校、社会培训机构、企业等提供服务。装置没有冗长的信号传输处理路径，有更强的实时性，并可以实现低成本小型化便携式应用。

十六、食品机械用润滑油使用中品质变化鉴别方法及质量比较研究（郑州市科技计划项目 141PQYJS557）

研究目的和意义：随着社会的发展，人们安全意识逐步提高，食品安全理念已经成为当今社会的共识。为了解决食品安全问题，食品机械用润滑剂的安全性，是提高企业品质的充分条件，也是提高产品竞争实力的必要条件。所以，企业为了提高产品的品质，提高市场竞争力推广采用安全的食品机械专用润滑剂也将是必然的。食品机械专用润滑剂是专门针对食品机械设计配方的，而在食品加工行业中，食品机械的工作环境又是复杂多样的，这样对机械的润滑和保障食品的安全就提出了更高要求，如食品机械专业润滑剂要具有非好的抗氧化性、耐高低温特性和抗乳化性能。对于易于滋生细菌和微生物繁殖的食品加工机械，润滑剂还应具有良好的抗微生物繁殖特性。因此，实时监测润滑油的使用状况，通过测量各项指标参数获取油液的污染程度，综合分析润滑油的品质是一项非常有意义的工作。食品机械专用润滑油的发展将有助于中国食品工业的发展达到国际先进水平，将会促使我国食品产业更加安全、稳定和健康的发展。本项目结合社会的发展和需求，研究一套快速的品质鉴定技术及可靠数据，对食品的安全和润滑油的选取具有一定的指导意义。研究主要内容：

1. 润滑油品质鉴别过程中所用设备及润滑油种类的选择。根据课题组成员的调查和咨询，最终选取电动面条机为模拟设备，主要因为电动面条机可以在无人的操作下按时进行工作，并可以定时的取使用过程中的润滑油，电动面条机齿轮衔接性好，润滑油涂抹及取样方便、准确，通过和企业使用过程中润滑油的指标进行对比，有一定的线性关系，可以作为模拟设备的使用，具有一定的代表性。润滑油分别选取了食品企业常用的 3 种工业级和 2 种食品级润滑油。

2. 搜集设备上残留的润滑油方法的研究。在面条机运行一段时间后（根据试验需要），取下齿轮组，将其浸泡在乙醚溶剂半个小时，使齿轮组上的润滑油完全溶解，抽提回收溶剂，得到润滑油油样。

3. 食品机械用润滑油对食品污染状况分析。润滑油是机械的血液，而润滑油在食品加工中有很多安全隐患。本课题选取润滑油中的污染指标镉含量及使用中变化反映对食品的污染程度。首先通过正交试验，对润滑油前处理微波消解进行了优化。并确定石墨炉原子吸收光谱法测定镉的技术。结果显示工业级润滑油中镉含量 0.557～0.793 mg/kg，食品级中镉含量均未超出定量限。并进行了危害分析，结果相对安全。

4. 润滑油对机械磨损度的研究。为确保食品加工中安全卫生，降低成本，减少机械检修损失等，不同润滑油使用过程中对食品机械的磨损度及使用寿命就显得十分重要。对 5 种不同润滑油设置时间梯度，采用过滤后称重法来分析润滑油磨损前后机械杂质含量变化。结果表明，长城和中远原油中含较多机械杂质，工作 60 h 后机械杂质含量超标（机械杂质含量＜0.5%合格），植物油因腐败变质失效，40 h 后机械杂质含量超标，三者不宜用于食品机械。KLUBER oil4 UH1-15 润滑效果较好，使用寿命长。

5. 食品机械用润滑油酸碱度的动态变化及品质鉴别研究。润滑油在使用中由于不断的磨损及氧化，会导致润滑油的润滑性能减弱，腐蚀性增强。所以通过对润滑油使用过程中酸值的动态变化分析，判断使用中润滑油的品质提供重要的理论依据。以 12 h 为时间梯度对五种样品进行酸值测定，5 种润滑油随着时间的递增酸值不断增加，递增趋势为先慢后快。最终得出食品级润滑油的使用周期大致为 48 h，工业级润滑油的使用周期大致为 60 h。表明工业级润滑油的抗氧化性优于食品级润滑油。充当润滑油的植物油，不仅酸值较高而且递增幅度较大。表明植物油的抗氧化性较差，对机械的腐蚀性较严重。所以植物油不适合作为润滑油来使用。

6. 食品机械用润滑油的润滑品质评价方法研究。食品机械润滑油的润滑性能直接影响机械的磨损程度，进而影响机械的使用寿命。而机械齿轮上的铁元素又是磨损过程中容易剥落的，测定模拟使用后的润滑油中铁元素的磨损量比较其润滑品质。通过单因素试验确定分光光度法测铁的最佳条件。以此方法清楚得出润滑油的铁磨损量变化趋势，相比得出 KLUBER oil4 UH1-15 润滑品质最佳，而大豆植物油润滑品质不佳。

项目的应用价值、社会效益：通过对食品机械专用润滑剂的品质检测方法的研究，为食品行业的产品卫生问题提供保障，排除食品加工过程存在的润滑油污染的隐患，满足现代人的机械必须能够生产出安全的食品，这是提高企业品质的充分条件，也是提高产品竞争势力的必要条件。通过对几种主要润滑油在食品加工过程中，品质的改变对食品卫生质量的影响结果，为食品企业选择润滑油提供参考，企业可根据实际生产情况，对润滑油的选取和更换进行适当调整，提高产品的卫生质量，降机械的磨损度，节约大量的润滑油购买成本，有利于提高经济技术效益和社会效益。测定润滑油中磨损金属的含量，可以准确地了解设备的运行状态和性能，油中所含金属显示机件磨损的严重程度，这对设备的保养、工作性能的评价至关重要。测定润滑油中微量金属以作为磨损成分的监控方法就显得特别重要。为高效率条件下油中磨损金属的分析提供了一种理想的分析手段。为食品行业在食品加工过程当中，为食品质量控制及安全体系建设提供参考依据。

十七、国学热背景下大学生人文素养培育研究（河南省社科联调研课题 SKL—2014—2581，获优秀调研成果奖一等奖）

研究目的及意义：国学是中华民族五千年文明的积淀，是华夏沃土灿若晨星的瑰宝，是维系民族团结的精神纽带。国学精粹，是不朽的精神财富，是一切更新、更高文化的源头活水。国学具有历史性、延展性和继承性。要构建和谐社会，践行核心价值观，必须用发展的眼光看待国学，挖掘其有价值的部分，为经济和文化发展做贡献。在知识经济全球化今天，建设具有民族特色的文化日益重要，传承与弘扬国学成为社会发展的必然抉择。

上世纪90年代，备受关注的"国学热"思潮，不仅风靡中华大地，且以其强劲势头，迅速升温，延续至今，影响了中国社会的方方面面，尤其是在大学校园，随处可见国学文化的踪迹。大学作为培养健全人才的神圣殿堂，由于其功利性，使得大学教育的文化功能逐渐削弱。当今大学生，缺乏的不是知识，而是文化；不足的不是技能，而是精神；急功近利思想严重，人文道德素质偏差。而国学文化中所包含的深刻哲理、优美意境、高雅情趣、广博知识恰是提高大学生人文素养的最佳教材，若能及时有效地在高校开展国学经典教育，让大学生有机会领略到国学精粹，并在潜移默化中培育其浓厚兴趣，不仅可以提升大学生的人文素养，还可以使其成为民族繁荣富强的一代，同时，也只有挖掘和传承国学经典中有价值的部分，方可更好推动当今经济发展和文化建设。

迎接21世纪，人类最大的使命就是把失落的人找回来，加强人文素养培育，提升人文素养，是全世界面临的共同问题。现代大学作为传承和创新文化的主阵地，从培养人的根本任务出发，应高度重视对学生人文素养教育，这不单是最具挑战眼光的教育思想与办学方向，也是当前高校义不容辞的使命，还是贯彻落实核心价值观和教书育人的重要举措。而国学教育恰恰与大学生人文素养培养在知识和实践精神上有着天然的契合，推动国学教育进入现行高等教育体制是时代和社会发展的必然。那么，如何在大学生人文素养培育中渗透国学经典文化，已成为高等教育工作者思考的重点课题。本项目从国学文化、国学教育和人文素养出发，通过调查研究和资料分析，对大学生人文素养培育的价值和实施途径进行了系统分析，重点指出凭借国学提升大学生人文素养培育策略，及如何把国学文化渗透到大学生人文素养培育中，以全新的视角来研究这些问题，具有开拓创新的理论意义。

研究内容及主要观点：本研究从国学文化、国学教育和人文素养出发，以全新的视角对大学生人文素养培育的价值和实施途径进行了系统分析，指出了依托国学提升大学生人文素养培育策略，及如何把国学文化渗透到大学生人文素养培育中，具体如下：一、从国学、国学教育的内涵与特点入手，阐明国学教育不仅是传承和发扬中华传统文化的有效载体，还是文化衔接的重要环节；进而说明开展国学教育，不但有助于更好地建设社会主义核心价值体系，还将成为国家实施素质教育的终极选择。二、国学教育善养大学生人文素养。立足于国学经典教育的工具性价值，分析了国学精粹终将内化为个人思想意识和行为准则，善养大学生人文素养，将其培育成为操守雅正、经世变通、融汇古今的复合型人才。三、国学教育中大学生人文素养培育实施途径。采用问卷调查的方法，以郑州地区部分高校（郑州科技学院、郑州工业应用技术学院、郑州成功财经学院、郑州师范学院、河南财经政法大学等）为研究对象，通过对大学生人文素养的现状、存在问题及其原因分析论证，从政府配套措施、社会正面引导、高校营造氛围、自身提高认识等方面，探讨了大学生人文素养培育实施途径和需要克服困境。四、国学经典与大学生人文素养培育巧妙融合。在论证了国学经典文化如何渗透到大学生人文素养培育中后，从内因和外因两个方面分析了在大学生人文素养培育中实施国学经典文化的可行性方案，从而说明了国学经典如何与大学生人文素养培育相得益彰。五、国学教育发展和大学生人文素养培育前景。就国学教育和大学生人文素养培育在内容和形式中呈现的多样化发展态势，诠释了依托国学经典培育大学生人文素养是时代进步的呼唤。

研究的学术及应用价值：以国学教育为依托的大学生人文素养培育研究，终将成为高校素质教育的大势所趋，和谐社会经济发展和文化建设的亘古目标。本研究立足于国学热和大学生人文素养培育的契合点，针对当前国学热背景下大学生人文素养培育中存在问题而提出的，落脚于如何用时代眼光来传承和发展国学文化精粹，并借文化、教育、情感的潜移默化作用，使其更好地为培养社会主义建设者和接班人服务，能够紧扣时代步伐，拓宽国学复兴、发展的研究领域，不仅为高校素质教育实施提出一些建设性意见，还为高校进行大学生人文素养培育提供一个新的分析框架和研究视角。其研究成果为今后研究国学现象、国学教育、素质教育、大学生人文素养培育提供一些参考，为国学教育工作者提供交流平台，具有一定的学术价值。

十八、郑州市旅游产业集聚水平测评研究（郑州市社科联调研课题ZSLX2016904，获社科优秀调研成果一等奖）

研究目的和意义：旅游产业集聚区作为空间上的经济活动现象，已经成为一种典型的旅游发展模式出现在各地旅游规划中，但由于产业集聚区在旅游上的研究与应用较新，在现实发展中存在很多需研究的问题。国外学术界在旅游产业集群的理论研究主要集中在区域旅游产业集群的内涵、作用、形成条件和培育方法、集聚机制、企业网络、竞争与合作关系、集群优势竞争和创新等方面。而国内起步的比较晚。更多国内学者进行了关于区域旅游产业集群的研究，重点集中在论证区域旅游产业集群的科学含义和系统框架，探讨区域旅游产业集群的基础理论如集群特征、形成、类型、竞争优势及内部结构，以及构建区域旅游产业集群的理论体系。而在旅游产业集聚区的发展模式的研究方面，一些地区旅游产业集聚区已初具规模，如何利用已有的集聚优势，形成旅游业的空间结构转型升级，旅游产业集聚区发展的动力机制等问题。本研究对旅游产业集聚区的理论分析为这些问题提供理论依据。

本项目研究旅游产业集聚水平，以郑州旅游产业集聚现状为基础来推动郑州区域经济发展；同时以旅游产业集聚区为载体，促进郑州产业结构调整。传统的旅游区域发展总是从资源角度分析区域的竞争力、发展趋势等，随着旅游产业集聚现象增多，传统的旅游资源已经不是区域旅游发展的核心影响力，旅游企业、旅游市场等产生的集聚优势开始更多影响区域旅游空间结构的调整。集聚的动力与优势可以促使政府在当地产业结构规划中采取行动，进行产业结构调整，大力发展旅游产业集聚区、旅游产业集聚区理论对区域发展提供新的分析思路。

旅游产业集聚区具有集聚规模、整合优势、集聚效应，因此建立旅游产业集聚区，是发展壮大旅游业规模，提升河南旅游产业的必然方向，通过对郑州市旅游产业集聚水平发展的定量分析，充分的了解郑州市旅游产业集聚区的真实发展状况，并根据不同的区域采取相对应的战略措施，有利于郑州乃至河南区域旅游产业结构的调整升级。

研究主要内容：本研究首先对国内外主要旅游产业集聚区模式的相关资料进行了收集整理，对各旅游产业集聚的概念进行了界定，分析了旅游产业集聚区的相关理论和主要的定量研究方法，描述了河南省旅游产业集聚研究现状。其次对郑州旅游产业集聚水平测定的方法进行了介绍，分别从区位商指数法、产业基尼系数法和市场集中度指数法对郑州市旅游产业的专业化程度和市场集中度进行计算和分析。在对区位商的计算中，首先对郑州市2005~2014年的郑州旅游产业区位商指数进行计算，其次对全省范围内的17个地级市的旅游产业区位商进行计算，最后结合两组计算结果来评价郑州旅游产业的专业化程度。在市场集中度的计算中，先运用郑州旅游总收入和总旅游接待人数计算CR5，再运用旅行社数量、星级酒店数量和4A级景区数量来计算CR4，并结合两组数据结果判断郑州旅游产业的市场集中度。最后结合区位商和市场集中度的计算结果对郑州旅游产业现在的集聚水平进行分析。第三，在分析了郑州旅游产业集聚区背景、现状和特点的条件下，总结国内外旅游产业集聚区培育模式的经验，将旅游产业集聚区的培育理论与我省旅游产业发展现状相结合，提出郑州未来培育旅游产业集聚区的政策性建议。

研究的学术价值和应用价值：研究中通过大量搜集文献发现，对郑州市旅游产业集聚水平进行定量研究的研究很少，本项目对郑州市旅游产业集聚区的定量研究某种程度上补充了这方面的研究。在研究中，项目组还创新性地尝试了对郑州旅游产业集聚水平采用区位商、产业基尼系数和行业集中度的相结合的方法进行测定，这些为其他学者开展相关研究提供一定的借鉴。

以郑州市旅游产业集聚水平为研究对象，进行实地调查收集数据，发掘其发展现状与特征，测定其集聚水平，在此基础上提出了推动郑州市旅游产业集聚区发展，促进郑州市旅游业增长的对策，将理论成果应用于现实中，用理论指导实践的同时对理论研究成果进行检验。这为郑州市加快都市化进程，优化产业布局，旅游产业集聚区的培育和发展提供了一些思路和方法。

十九、栅栏技术在鲜腐竹保藏中的应用研究（郑州市科技计划项目141PPTGG413）

项目研究目的及意义：鲜腐竹，是近几年开发出的一种营养保健、美味可口的鲜食型食品，具有食用方便、快捷优点，符合当代人们对快速、方便食品的需求。鲜腐竹正处于起步阶段，所占市场份额还不大，在国内外有着很大的发展空间。但由于鲜腐竹含水量高、营养丰富，极容易引起腐败微生物的生长繁殖，导致鲜腐竹变质、变酸和发霉，因此货架期短是其进一步发展的瓶颈。目前腐竹保险主要有以下几种方法：传统工艺生产的腐竹，经干燥处理后会造成产品营养成分损失，且食用不便；化学防腐剂（脱氢醋酸钠、山梨酸钾）保鲜效果好，但有残留，并且目前我国尚无鲜腐竹的国家标准；天然提取物如大蒜、洋葱、姜黄等，保鲜效果一般，处理不便，且成本高；物理杀菌方法如超高压热处理、常压热处理等，容易使腐竹结构遭到破坏；气调保鲜需要结合其他技术共同保鲜。几种方法各有利弊，目前尚无非常有效的常温保鲜方法。针对鲜腐竹的产品特点，研究开发合适的保鲜方法，尽可能地延长其货架期，对鲜腐竹的推广具有重要意义。产品营养和安全性分析结果，可为我国鲜腐竹食品标准的完善提供参考数据。

项目研究主要内容：1. 影响鲜腐竹保藏效果的栅栏因子研究。主要采用单因素试验和对比试验方法，以微生物指标如菌落总数、霉菌计数和感官评价指标为鲜腐竹的品质评价标准，研究了水分活度（0.70~0.90）、防腐保鲜剂（茶多酚、纳他霉素和溶菌酶）、杀菌方式（沸水杀菌、微波杀菌后常压包装、微波杀菌后真空包装）和包装材料（PE、PET、PET复合材料、真空共挤材料和铝箔复合材料）等栅栏因子对鲜腐竹保藏效果的影响趋势，并筛选出对鲜腐竹防腐效果较好的水平。2. 栅栏因子的优化。主要采用正交试验方法，以微生物指标如菌落总数、霉菌计数和感官评价指标为鲜腐竹的品质评价标准，对各个栅栏因子进行了优化处理，得出鲜腐竹保藏的最佳栅栏因子水平。3.鲜腐竹货架期的预测。采用加速货架期试验方法（accelerated shelf testing，ASLT）来加速鲜腐竹的腐败变质，从而预测出鲜腐竹的货架期。

目前有关鲜腐竹保鲜效果较好的文献资料表明，采用 0.08%脱氢醋酸钠和 0.15%双乙酸钠进行复配在 37℃仅能保存 7d。本项目采用栅栏技术,控制鲜腐竹的水分活度为 0.75,0.025%纳他霉素，采用 PET 复合材料，微波杀菌处理后进行真空包装，在 37℃鲜腐竹能保存 14d，保藏效果明显。

研究的应用价值、社会效益：通过本项目的实施，已完成影响鲜腐竹保藏的栅栏因子的筛选工作，确定的栅栏因子分别为水分活度、天然保鲜剂、包装材料和杀菌方式等，并对其进行了优化处理，得出最佳的鲜腐竹保藏技术方案。与已有的文献研究相比，本项目中鲜腐竹的货架期明显提高。经企业实际应用发现，在保证鲜腐竹产品质量的前提下，能有效提高产品的货架期。将本技术应用于实际生产中，将会降低腐竹干燥工艺中所需能耗，符合我国节能减排的国家政策，并对加快郑州市地方大豆产品的深加工、延伸产业链和提升农副产品附加值具有积极的引导意义。以年产量 5000 吨鲜腐竹的生产规模计算，鲜腐竹的年销售额约为 1.2 亿元，经济效益十分可观。按照目前鲜腐竹生产的各个原材料的平均价格进行估算，每生产 500g 鲜腐竹的制造成本约为 9.13 元。根据项目申报书中设定的包装规格为 250g，则每袋鲜腐竹的制造成本约为 4.56 元。原来设定的市场零售价可为 6.0 元/袋，利润约为 1.44 元/袋。

二十、政策环境、网络规模对农民创业意愿影响的实证研究（河南省教育厅人文社科项目 2017-ZZJH-570）

研究目的及意义：目前，新技术的快速发展和应用引发了新一轮的创业热潮，创业活动日益成为推动社会进步的重要力量。在经济新常态的背景下，农民创业被认为是解决我国"三农"问题的有效途径，能够推动农村建设。因此，我国政府对农民创业问题给了广泛的关注，先后制定和出台了一系列政策引导和支持农民创业。大量的心理学研究文献证明意愿是预测计划行为的良好指标，相对于个体特质或态度对行为变化仅有 10%的解释能力，意愿对个体行为的解释力能达到 30%左右（Ajzen&Madden，1986）。因此，对农民创业意愿进行研究，可以很好地解释农民的创业行为。国内外众多学者分别从个体因素、家庭因素、社会网络、环境因素四个方面研究影响农民创业意愿的因素，为后续的相关研究提供了借鉴。但相关的理论研究尚不深入。本课题在已有研究的基础上，结合农民的个体特征和农民所处的环境，依托 GEM 理论、创业事件模型和计划行为理论，探究影响农民创业意愿的因素，从而深化理论研究，有助于从理论上提高人们对农民创业意愿的认识。

研究内容及主要观点：项目的研究主要包括四个部分：首先，提出了所要研究的问题，并对相关概念进行界定，具体说明本课题所使用的研究方法，确定本课题的研究思路和研究内容，对本课题可能的创新进行说明；其次，阐述了本课题的理论基础，并对国内外相关的研究文献进行综述；再次，使用 SPSS19.0 软件对调研的数据进行实证分析，阐释了影响农民创业意愿的因素；最后，提出提高农民创业意愿的对策和建议。通过分析，得出以下结论：

1.个体因素对农民创业意愿有影响。年龄越大,农民的创业意愿越弱;先前有创业经历的农民,创业意愿更强烈;承担过技术工作和销售工作的农民更有意愿成为创业者;冒险型的农民具有较强的创业意愿;创业价值感正向影响农民的创业意愿;家庭总人口越多,农民更有意愿成为创业者。2.政策环境对农民创业意愿有影响。税收政策、审批政策、法律法规保障政策、资金支持政策、用地优惠政策、教育培训政策以及其他政府服务政策与农民的创业意愿正相关。3.网络规模对农业创业意愿有影响。其中,感知的网络支持规模和创业榜样规模正向影响农民的创业意愿。

项目创新点主要表现在以下两个方面:一方面是研究内容上有所创新。通过网络规模这个变量来考察其是否影响农民创业意愿,具体用"能与农民个人讨论创业事件的人数规模"、"感知到的创业支持规模"和"创业榜样规模"来测量其对农民创业意愿的影响。此外,对农民创业意愿进行考察时,并不是简单地用"是"和"否"来测量农民创业意愿,而是使用连续测量法测量农民创业意愿的强弱程度,这是由于农民创业意愿的强弱程度会直接影响其创业行为。另一方面是研究方法有所创新。本课题除了使用相关分析和回归分析的方法分析了个体特征、政策环境和网络规模对农民创业意愿的影响,还采用了卡方检验的方法分析了个体因素与创业价值感、个体因素与创业风险偏好的关系,其目的是更好地提出促进农民创业意愿的对策建议。

研究的学术价值、应用价值:项目组根据目前研究的不足,不仅结合农民个体特征,更考虑农民所处的环境,通过网络规模这个变量考察创业意愿影响因素、使用连续测量法测量农民创业意愿强弱,某种程度上弥补了目前研究的不足。

为了贯彻李克强总理提出的"大众创业,万众创新"的思想,通过对全国第一人口大省、农业大省的河南的农民创业意愿进行调研,分析影响其创业意愿的因素,促进河南省农民的就业增收,并为政府部门制定鼓励和引导农民创业的相关政策提供依据,进而促进农民创业,增加农民收入,缩小城乡之间的差距,推动社会的发展。

二十一、沈从文小说中的悲剧意识研究(河南省教育厅人文社科项目2015-QN-540)

研究目的及意义:作家的生活经历和文化背景影响着作家的创作视角和审美选择。沈从文的人生道路和文学创作之路充满了曲折和坎坷,充满了丰富的悲剧意识。那种以南方少数民族巫鬼文化为主体,融合中原文化的影响而形成的楚苗地域文化精神,重生命体验,轻理性规范的悲剧思维方式,深深沉淀在沈从文的意识深处,使沈从文形成一种悲剧型人格,这种悲剧型人格在沈从文的小说中被激活成独特的悲剧美学意识和文学形式。因此,探索沈从文的悲剧意识是进入他的小说世界美学内涵的一条重要途径。本研究以此为切入点,对沈从文小说进行再解读。

文学创作是作家的思维运作和精神感悟,创作成果是其个人化的艺术存在。本研究通过对沈从文小说的阅读,分析其中所蕴含的悲剧意识、悲剧意识产生的背景、原因和悲剧意识的表现形式,以期获得的研究成果能够丰富沈从文小说研究理论。1.本课题将把沈从文的个人经历与其小说创作结合起来分析,探究沈从文小说悲剧意识的变化和表现,这对系统梳理沈从文小说悲剧意识演变过程具有借鉴意义。2.我们认为沈从文小说悲剧意识与楚苗地域文化息息相关，地域文化是沈从文悲剧意识产生的一个重要原因，这对从地域文化视角来研究沈从文创作具有借鉴意义，某种程度上也可以丰富沈从文研究的理论。

研究主要内容：通过梳理沈从文的作品，不难发现从沈从文的笔下尽是对民族与都市的悲剧化，处处彰显着悲凉的艺术氛围，沈从文希望读者通过自己的文章能对当时的社会变动有所关心。研究将沈从文作品的悲剧分为三种，即："乡村本体悲剧"、"都市文明悲剧"、"都市文明渗透下的乡村悲剧"。通过对都市和乡村的不同描写，可以看出沈从文对于当时的社会悲惨的看法，并通过"乡下人"的眼光审视当时的社会。通过分析，研究对沈从文作品的悲剧表现形式进行了归纳，主要表现在以下两个方面：一是用微笑代替忧伤：沈从文在小说中都是处处提倡微笑，将自己真实的情感进行掩盖，以微笑进行代替。面对文章的角色时，即使有重大的悲伤在他的笔下也通常以"一抹微笑"所代替。二是用美丽衬托悲哀：在沈从文的描绘中，不论是描写风景还是人物，都透出淡淡的忧伤，面对人的时候通过人物自身特点将展现出独特的美丽，而这样的美丽在遭受到打击的状态下依然美丽动人，通过美丽将忧伤包裹住，不被社会渲染。沈从文在描述意境的同时对于那种最原始的风俗美，人性美有着深刻的向往，人与自然的不断融合，人际关系的融洽，都是沈从文多年来的向往，但是这样的奢望是通过更多的人用性命进行交换的，是受到社会的"文明"所迫害的。

研究的学术价值、应用价值：项目系统地梳理了沈从文作品的悲剧意识及其表现形式，将其悲剧分为三类，即："乡村本体悲剧"、"都市文明悲剧"、"都市文明渗透下的乡村悲剧"，并分析了其悲剧意识体现方式，有利于我们进一步了解沈从文在文中蕴含的深刻悲伤，真正读懂沈从文写作的艺术，对沈从文的研究具有一定的价值。本课题的研究结合高校教学实践，并将成果应用于本校《大学语文》课中关于沈从文的教学中，让学生更多地了解沈从文及其创作特点，为高校培养优秀人才服务，具有较强的实践应用价值。

二十二、集成 RTCP 技术的桌面级五轴联动数控机床的研制（河南省高等学校重点科研项目 17B460010）

研究目的及意义：五轴数控技术的推进是时代的要求，同时也是市场的需求。国内外相关研究机构在机床数控技术方面展开了广泛的研究，在五轴联动数控机床的设计方法、RTCP 算法数学模型、机床双摆头和立柱的基本变形规律、龙门五轴机床 RTCP 功能模型等的方面取得了很大进展。但是研究未涉及简易新型整体型材结构的采用双龙门式结构的桌面级别的五轴联动的数控机床，因此该课题开发了一台采用双龙门式结构，以增加稳定性，减少振动；采用双摇头结构，减少角度限制，结构灵活。

研究开发内容：本项目针对五轴数控机床的一种简易新型结构入手，重点研究设计一种双龙门式双摆头式机械结构的集成 RTCP 技术的桌面级五轴联动数控机床，进行硬件结构设计和电子硬件、软件设计，五轴联动数控机床采用双龙门式结构，增加稳定性，减少振动；采用双摇头结构，减少角度限制，结构灵活。利用型材是结构轻便小型化，集成 RTCP 技术，针对 B-C 轴双回转工作台五轴数控机床的 RTCP 算法，开发集成 RTCP 算法的桌面级五轴联动数控机床，在数控系统中增加 RTCP（绕刀具摆动中心点旋转）功能，使数控系统自动对旋转轴的运动进行实时线性补偿，工件安装位置改变或刀具长度更改时无须重新编程，只需要将编程坐标与名义坐标原点的偏移值或刀具旋转中心与刀尖点距离输入到数控系统，就能确保刀具中心点始终位于编程轨迹上。

1. 五轴联动数控机床结构采用型材框架结构形式。
2. 采用 3+2 结构（3 个直线轴、2 个旋转轴），双龙门式双摇头机械结构。
3. 桌面级别：小型轻便，可放于桌面上加工，有效行程 300×400×300。

研究的应用价值、社会效益：开发集成 RTCP 算法的桌面级五轴联动数控机床，在数控系统中增加 RTCP（绕刀具摆动中心点旋转）功能，使数控系统自动对旋转轴的运动进行实时线性补偿，工件安装位置改变或刀具长度更改时无须重新编程。桌面级五轴联动数控机床是一台适合用于实验、实训教学及加工的刚度高、便于控制、制造简单、工作范围较大且具有摆动刀头的、龙门横梁跨度较小，实现能够沿 X/Y/Z 三个坐标轴做直线运动、两个旋转运动轴（B/C 轴）回转的串联结构五轴数控机床。利用型材是结构轻便小型化，便于携带、适合用于实验、实训教学及加工的集成 RTCP 技术的桌面级别五轴联动数控机床。

二十三、星斗网联管理及面向服务架构（SOA）的电子商务智能交易终端平台（河南省科技计划项目 162107000011）

研究目的及意义：智能电子交易终端是我公司针对目前各个居民小区、车站、宾馆学校等场所网上购物送货难的问题，而设计的一种远程商品交易控制柜，它是利用网络技术、现代物流、电子信息加密和控制技术把商家和客户直接联系起来，构成虚拟和现实无缝衔接的商品交易平台，是对目前电子商务交易方式的改进和完善，也是未来电子商务交易的主要形式。该系统的社区化和家庭化，进一步完善和提升了物流配送系统，填补了该领域的市场空白，极大方便了居民的生活。据统计郑州目前新规划的社区有上千个，因此可为该项目推广提供巨大的市场空间。电子商务智能交易终端作为电子商务产业的衍生产品，必将随着电子商务产业的兴起而快速普及。

研究开发内容：本项目主要研究和开发基于面向服务架构（SOA）的电子商务智能终端交易平台。主要包括三个部分：一是云端服务器；二是消费终端；三是全网手机 APP 管理终端。项目以互联网为基础，采用基于 WCF 面向网络编程模式，实现电子商务 O2O 线上线下交易平台。平台把网上虚拟的电子商务交易平台延伸到现实的居民社区和家庭。该项目通过融合互联网、物联网、现代物流、智能移动终端和云计算服务等技术，构建了一个对商品交易全程跟踪的物流链和商务信息库，实现了对商品交易过程中产生的全部信息或部分重要信息的采集、分类、汇总、识别、追溯、查询、防伪等一系列处理，为企业、用户提供多样化、全方位、高品质的综合性商业服务平台，打造了智能化的电子商务供应链和且为政府监管电子商务活动增加了新的途径。

项目在设计上包括软件和硬件两部分，软件部分是采用面向服务架构的（SOA）松耦合结构，开发基于 Web Service 服务组件，主要包括：商品库构建、网上商城、业务逻辑、终端交易信息管理、支付系统、网上订购等；硬件部分是以 Cortex-A8 处理器为主控制器的嵌入式电子商务终端，其中包括 IC 卡、RFID、WiFi、二维码识别等 Android 硬件抽象层驱动程序的开发和基于 Linux 内核驱动开发。

研究的应用价值、社会效益：项目的推广应用，是把传统意义上的电子商务作为一个商业城市的整体发展战略，不仅是物联网在公共基础设施方面的推广应用，而是把智能城市定位为信息化向更高阶段发展的方式，也是作为城市经济转型、产业升级、城市提升的新引擎。这一方式从长远角度考虑，可以改变整个社会的消费模式。在交易过程中可以根据客户的订购信息、厂家的生产信息和社会资源消耗信息等建立商务信息交互数据仓库，把企业和消费者直接连接起来，减少了中间环节，供需信息更加透明。如果长期通过网络订购，持续丰富商务信息数据仓库，建立科学的市场商品供求平衡预测模型，做到社会商品产需动态平衡，使企业可以根据精确的预测机制生产商品。这样既可以解决企业因盲目生产而浪费资源，又可以最大限度的满足社会的需求，使整个社会步入节能环保"低碳生活"道路。

第四节 部分获奖成果简介

一、《大学生敬畏法律意识培育探析》系列成果（第五届河南省发展研究奖三等奖）

党的十八大报告明确指出："把立德树人作为教育的根本任务，培养德智体美全面发展的社会主义建设者和接班人。"高校承担着为国家培养合格建设者和可靠接班人的神圣使命，必须切实做好大学生的思想道德教育工作，促进大学生的健康成长和全面发展。为进一步做好学校的立德树人工作，作者围绕高校立德树人开展了一系列的理论与实践探索，并形成了一些理论研究文章，具体如下：

（一）《大学生敬畏法律意识培育探析》

法律是道德的底线，守法是所有组织和个人起码的行为准则。大学生是优秀青年群体的代表，他们不仅要学习科学文化知识、追求个人理想，更肩负着民族振兴、祖国富强的重大社会责任。然而目前高校存在的一些大学生法律意识淡薄、甚至藐视法律的状况着实令人堪忧。加强对大学生敬畏法律意识的培育，是大学生健康成长和全面发展的必然要求，也是提高公民敬畏法律意识的有效途径。

成果阐述了培育大学生敬畏法律意识的重要性，指出"敬畏法律是现代公民的基本修养"、敬畏意识"具有警戒与自省的功能，能够引领和调控公民的言行举止"，人们敬畏法律意识的弱化和缺失致使贪污腐败、坑蒙拐骗、挥霍浪费、破坏环境、自残自杀、不敬不孝等现象出现；"敬畏法律是当代大学生基本素质"，大学校园发生的"撞人""投毒""杀人"等种种不幸事件，其"深层次原因是大学生敬畏法律意识的缺失"，大学生不是不懂法律，只是缺乏对法律的敬畏。"具有敬畏法律的意识是大学生具有道德意识的心理印证，只有使大学生树立敬畏法律的意识，才更利于优良社会道德风尚的形成，以及和谐社会目标的实现"。

成果分析了大学生敬畏法律意识缺失原因，主要表现在"功利化教育的影响"、"扭曲社会价值取向的影响"和"不良心理倾向的影响"等三个方面，并从高校和学生两方面提出了培育大学生敬畏法律意识的路径，提出了以下方法："加强法制宣传教育，增强大学生敬畏法律的自觉性"，"切实做好《思想道德修养与法律基础》课教学安排，提高教师业务素质，创新教育教学方法，拓展教育教学内容"；"加强心理健康教育，增强大学生承受挫折能力"；"引导价值取向，增强大学生践行社会主义核心价值观的积极性"；"加强实践锻炼，增强大学生社会责任感、担当意识、创新意识"；"加强成才成长教育，增强大学生的历史使命感"等。

关于敬畏意识，有不少学者也进行了研究，比如周蕾等在《关于大学生敬畏教育的几点思考》中对大学生敬畏教育的重要性、教育的内容及途径进行了探讨；吴川在《以立德树人为目标的高校敬畏教育价值定位初探》中对敬畏教育在高校立德树人工作中的价值进行了定位；郭彩霞在《大学生敬畏意识培养之探析》中对当代大学生敬畏意识缺乏现状进行了分析，等等；关于大学生的法律意识及培养问题，王社朝、王钢等人对大学生法律意识培养的重要性进行了探讨，詹明鹏等则对当地大学生法律意识进行了调查。综观相关研究，不难发现，学者们都认可敬畏意识和法律意识培养对大学生成长的重要性，但学术界对于敬畏法律意识研究较少，针对性不强，而且提出的培育措施不够具体。

本文是2013年度教育部人文社科项目《高等教育中立德树人实现路径和工作机制研究》的阶段性成果，笔者立足高校立德树人工作，着眼于全面发展的人才培养，认为敬畏意识培育对大学生的成人成才教育至关重要，并认为作为道德底线的法律应该是大学生敬畏的重要内容，因为法律是维系人类生存和发展的基本秩序，任何人都要服从法律，大学生也不能例外。本文在分析大学生敬畏法律意识缺失原因基础上提出的培育路径比较有针对性和操作性，很多措施在学校思想政治教育工作中已经得到应用，且效果很好。这些措施对其他高校也有借鉴和参考价值。

（二）《立德树人重在培育"四种意识"》

文中提出高校立德树人重在培育学生具有"四种意识"，即敬畏意识、明理意识、尊重传统意识和创新意识，并分别阐述了每种意识所包含的具体内容。认为敬畏意识主要包含敬畏权力、敬畏法律、敬畏生命和敬畏历史四个方面；认为培育大学生的明理意识应该从培育感恩意识、培育包容意识、培育责任意识等方面着手；认为大学生应有尊重传统意识，"努力学习和弘扬优秀传统文化"，"不断提升自己的思想道德修养，成为真正的有用人才"；认为培育大学生的创新意识应培养大学生"有强烈的事业心和责任感"、"解放思想、敢闯敢试"、"勤于学习、善于学习"。

（三）《创新教育载体 坚持立德树人》

文章概括总结了郑州科技学院党委围绕立德树人这一根本任务如何在思想政治教育中把创新教育载体和开展实践活动紧密结合起来。"立足国情教育，实抓思想育人"，根据"对历史国情、现实国情、世界发展趋势的了解和认识"，对大学生"未来的人生规划与发展产生深远影响"，"确立将思想政治理论课堂作为开展以国情教育为中心的人文教育的有效平台"，拓展了思想育人工作深度；"创新实践载体，落实全员教育"，充分发挥社会实践第二课堂作用，在校内外开展"建设美丽校园"、"保护母亲河"等主题实践活动，使党课教育在创新中发展，宗旨意识在实践中升华；"培育主体意识，扩大社会参与"，学校在组织"保护母亲河"活动中，积极发挥党员师生的作用，使其主动参与活动的组织、策划和实施，不仅使学生在活动中自身受到教育，同时也对规范社会公众的行为起到了示范带动作用。

（四）《开展"三爱"教育 促进立德树人》

文章总结概括了郑州科技学院党委围绕落实高校立德树人根本任务开展"三爱"教育的实践经验。郑州科技学院党委在工作实践中，紧紧围绕立德树人根本任务，密切联系青年教师和广大学生实际，把"三爱"教育融入党课培训，创新教育载体，以理论研讨、社会实践、影视播映为抓手，扎实开展"爱学习、爱劳动、爱祖国"教育活动，促进了立德树人工作的深入有效开展。

（五）《当代大学生敬畏生命意识培育》

文中分析了当代大学生敬畏生命意识缺失的原因，并针对这些原因，提出了大学生敬畏生命意识培育的路径。当代大学生敬畏生命意识的缺失以及由此引起了一些不良社会事件，影响了家庭的幸福、学校的稳定与社会的和谐。笔者认为大学期间是人生发展的关键阶段，是大学生世界观、人生观、价值观形成的重要时期，高校应"更新教育观念，培养大学生珍惜生命的意识"，"正面引导，培育大学生高尚的信仰追求"，"注重修养，培养大学生高雅的生活情趣"，"强化能力，开启大学生潜在的人生智慧"，从而促进大学生的健康成长和全面发展。

（六）《高等教育中立德树人实现路径和工作机制研究》

报告分析了高校立德树人的重要意义、高校立德树人的客观要求，认为高校立德树人必须坚持德育为先，必须促进学生全面发展，必须培育学生健全人格。报告指出，立德树人工作要取得实效，应该建立多元化、多渠道的育人机制，构建由高校、家庭和社会等组成的三维教育体系，并从高校、家庭和社会三个方面提出了具体实现路径。

二、完善民办高校党建工作的对策思考（2013年度河南省社会科学优秀成果奖三等奖）

该文章发表在《人民论坛》2012年第29期。在民办高校快速发展过程中，党建工作取得一定成绩的同时也存在工作制度不健全，保障、组织、监管力度不够等问题。本文针对民办高校实际和党建工作中存在的具体问题，提出了以下观点：切实加强民办高校党建理论研究，注重成果在实践中的应用；进一步完善民办高校党建工作的政策和制度，引导党组织发挥协调沟通、决策参谋作用；加大对民办高校党建工作的政策和资金扶持，引导社会媒体加大对民办高校正面宣传力度；扎实开展民办高校党建工作考核与评估，探索制定科学的符合民办高校实际的评估指标体系。该论文可为政府、教育主管部门加强民办高校党建工作提供决策参考，对民办高校改进党建工作中的问题、进一步提高工作水平也有一定的指导价值。

三、高校立德树人实现路径思考与探索（2014年度河南省教育厅人文社会科学研究成果奖一等奖）

本书紧紧围绕学习贯彻党的十八大和十八届三中全会精神，立足高校特别是民办高校实际，着眼大学生的成长和发展，从立德树人的根本任务、根本要求、核心内容、关键环节、现实基础以及精神支撑等六个方面，对高校立德树人实现路径进行了深入思考和探索。

第一章主要探讨了高校立德树人的意义，指出立德树人是时代发展对教育的根本要求，是中华民族的优秀传统，是各国教育坚持的原则和追求的目标；高校要实现立德树人需要培养学生具备"四种意识"，需要教师率先垂范；提出立德树人是一项系统工程，要坚持学校、家庭和社会齐抓共管。

第二章主要探讨社会规范在立德树人中的作用及发挥。立德树人既要靠社会持续倡导、公民能动自觉，也要靠法律支撑、政策支持和制度保障。书中，具体阐述了立德树人中法律、政策、制度各自的作用，以及在立德树人中其作用的具体发挥。政策以其利益驱动机制和公共权威为立德树人工作提供价值导向和坚强有力的外部支持；法律以其强制力规范人们的道德行为，提升人们的道德意识和道德自觉；制度以其规范性劝导人们遵循道德原则和道德准则，按照道德规范的要求来思考问题和进行活动，促进人们的思想提升和道德自觉。在立德树人工作过程中，只有做到三者的密切配合、协调统一，才能确保其顺利有效进行。

第三章主要探讨高校思政教育如何开展以实现立德树人根本任务，并提出高校思想政治教育工作要突出三个方面，即：树立大学生正确的理想信念、要培养大学生公民意识、增进大学生心理健康，并分别阐述了其实现路径。

第四章主要探讨了高校党建工作与立德树人的关系，分析了目前高校党建工作面临的新形势和存在问题，并在分析存在问题原因基础上提出了改进和创新高校党建工作的路径。

第五章主要探讨了社会实践育人的价值，实践育人在大学生思想政治教育中的作用，并认为实践育人是解决大学生思想政治教育难点的有效途径。基于此，论证了高校立德树人与社会实践的关系，分析了目前高校开展实践育人工作情况、存在问题，并提出了实现实践育人的途径。

第六章主要探讨了高校如何发挥校园文化育人载体作用以实现立德树人。校园文化以其蕴含的精神信念因素、传统习惯、道德风尚等潜移默化地影响着校园人的价值选择和行为趋向。并具体以与立德树人密切相关的校园文化建设重要组成部分—校园传媒、校园文化活动和师生关系构建等内容论证了高校如何做才能达到立德树人。

本书立足高校培养什么人和如何培养人这一关键问题，提出立德树人是高等教育的根本任务，政策引领是立德树人的根本要求，思政教育是立德树人的核心内容，党建工作是立德树人的关键环节，社会实践是立德树人的现实基础，校园文化是立德树人的精神支撑，并分别论证了它们如何推进和实现高校立德树人。这对高校做好立德树人工作、对高校党建和思想政治教育工作的探索、创新等有一定的促进、借鉴和启示作用。

四、货币供给和 CPI 关系的实证分析（2014 年度河南省教育厅人文社会科学研究成果奖一等奖）

该文首先通过费雪方程式，分析得出 CPI 的变化取决于货币数量的变化。再通过对 2009 年 1 月至 2012 年 12 月这段相对稳定期间的实证研究，论证了我国的货币供给变化率和 CPI

变化率的关系,得出在此期间 M1 变化率和 CPI 变化率之间存在正相关,而 M0 和 M2 的变化率与 CPI 变化率不存在正相关的理论。这一理论表明 CPI 的变化和活期存款的变化密切相关,而和现钞发行量的变化以及定期存款的变化的相关性不明显。在此基础上得出结论:一年期定期存款利率不宜较大波动,目前的一年地定期存款利率比较合理,应继续平稳保持下去;从宏观角度上,国家应该重点关注活期存款的变化,从而达到宏观调控 CPI,防范恶性通胀;三是从微观角度上,个人活期存款的明显变化,也表明消费的明显变化,对于 CPI 的变化起到一定的微观作用。

该文通过实证的方法,利用费雪方程式,论证了货币供给和 CPI 关系。得出的结论比较科学,对政府部门在观调控 CPI、防范恶性通胀采取措施有一定借鉴意义。

创新创业篇

"大众创业、万众创新"是新时期最鲜明的时代主题,是国家实施创新驱动发展战略的重大举措,是党中央、国务院的重大治国方略。适应新的改革发展形势,加强创新创业工作,推进郑州科技学院创新创业进程,促进学院转型发展,建设示范性应用型大学。全校上下从战略的高度,充分认识开展此项工作的重大意义,不断增强责任感和紧迫感,提高思想认识,狠抓工作落实,全面推进学校大学生创新创业教育和自主创业工作深入开展。

第一章 创新创业工作稳步推进

近年来,郑州科技学院大学生创新创业工作取得了可喜的成绩。学校坚持"面向全体、培育精神;立足专业、彰显特色;强化实践、突出创新"的创新创业教育理念,即:双创教育面向全体学生培育创新创业精神;教育内容必须和专业特点相结合;突出科技创新的引领作用,并努力贴近河南省、郑州市的经济社会发展需求。大力推进产教融合、协同育人。全面深化创新创业教育与专业教育的融合,强化创新创业课程建设,推进课程体系、教学内容、教学模式等方面的综合改革,并不断总结经验教训,改进工作,有力推动了双创教育的发展与提高。

我校以培养具有强劲创新创业能力的应用型人才为目标,从培养模式与课程设计的创新改革入手提高学生创新创业技能,经过探索与总结,逐步确立了"课堂教学—实践教学—技能实训—创业实践—指导帮扶—文化引领"六位一体的创新创业教育体系,使双创教育有一个健全的体系和有助于学生学习提高的合理过程,取得了较好的效果。

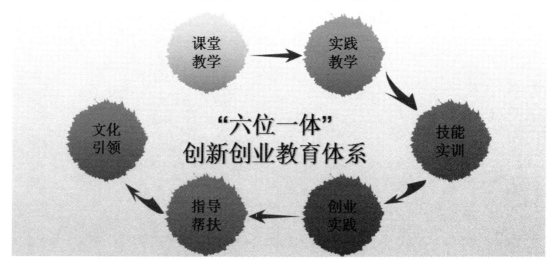

"六位一体"创新创业教育体系

学院在推进创新创业的工作中,从机制建设、制度建设、政策扶持等方面给予支持,使各方面建设得以健康有序的发展。形成了领导重视、机构健全、专业支撑、教师支持、学生欢迎的良好局面。

2015 年 6 月我校大学生创新创业孵化园升格为郑州市大学生创新创业孵化园
2016 年 6 月获批"郑州市创新创业教育首批示范院校"
2016 年 8 月获批全国民办高校"创新创业教育实践实训基地建设奖"
2016 年 9 月获批"郑州市创业培训示范基地"
2016 年 11 月郑州科技学院大学科技园获批"郑州市科技企业孵化器"
2016 年 12 月被河南省教育厅评为"河南省就业创业课程建设优秀高校"
2017 年 5 月获批"河南省科普教育示范基地"
2017 年 6 月我校正式成为由教育部、清华大学组建的国家级智库"中国高校创新创业教育联盟"理事单位
2017 年 8 月获批"二七区众创空间"
2017 年 9 月获批"郑州市众创空间"
2017 年 9 月年获批"河南省高校众创空间"
2017 年 11 月年获批"河南省众创空间"
2017 年 11 月年获批"河南省创业孵化示范基地"

第二章　创新创业机制保障有力

一、建立完善的保障机制

1. 学校成立了院、系两级"创新创业工作领导小组"（郑科院〔2015〕34 号），由院长担任组长，分管院领导担任副组长，相关职能处室和各院（系）负责人为主要成员。

创新创业工作领导小组负责制定和完善有关规章制度，统筹规划大学生创新创业全局性工作，负责对重大问题做出决策，指导和协调各部门、各院（系）开展相关工作。

领导小组下设办公室，办公室设在创新创业管理办公室。其中设置创新创业教育教研室，和教务处、各院系紧密协作，和主管职能部门保持密切联系，从机构设置上保证了创新创业工作的开展。

2. 学校设立创新创业管理办公室（郑科院人〔2014〕5 号文），为突出科技创新的内涵和引领作用，该办公室归口科研处管理。创新创业管理办公室与其它职能部门紧密合作，负责全校创新创业教育课程体系建设、创新创业教育环境建设、设备配置、师资培训和管理、创业孵化园的建设与运营管理、创业咨询服务等事宜。

各教学院（系）成立大学生创新创业工作小组，由院（系）领导担任组长，统筹协调本院（系）的大学生创新创业工作，从领导体制和工作机制上保障创新创业工作有序开展。

3. 成立了创新创业教育教研室，选配专业师资队伍，从机构和力量上保证了创新创业教育的开展。

二、人员、场地及设施保障充分

学校在队伍建设、场地和设施的完善方面采取了大量措施，使创新创业教育的条件得到保证。在原有就业创业教师队伍的基础上组建了新的创新创业教师队伍。现有专职教师 24 名，固定的兼职教师 20 名，全部具有本科及以上学历学位。近三年来，学校派专兼职创新创业工作人员和教师参加各种培训 96 人次，进一步提高了双创教育的工作质量和水平。同时，学校聘请创业成功的校友、企业管理者、有关专家担任学生的创业导师，为学生的创新创业活动提供强有力的支持。2014 年，学校投资 4500 万元，在校内建成 26000 平方米的"众创中心"。

众创中心外部环境图

众创中心拥有物理孵化空间面积 12000 平米，总投资近 7000 万元（包含场地建设、场地装修、办公家具、软硬件设施等）。

创新创业孵化园内部图

创新创业孵化园内部图

创新创业孵化园内部图

创新创业服务中心

2015年学校成立创新创业学院、全球供应链&跨境电商学院，智能制造学院、泛IT学院。四个学院的建立为全校的创新创业工作提供了有力的支撑，学校从硬件设施和打造软环境等方面不断加大投入，为大学生创新创业实践提供条件。

三、提供充裕的经费保障

学校每年投入100万元，分别设立了"创业竞赛奖励基金"、"创业项目孵化基金"、"创新成果奖励基金"等三项创新创业基金。实施了"大学生实践创新计划"、"大学生科研立项训练计划"、"大学生创新创业训练计划"等人才培养计划。

学校每年预算50万元为大学生科研专项经费，创新创业师资培训经费由人事处根据创新创业办公室的计划统筹安排。积极鼓励学生参加学科竞赛、撰写学术论文、申报国家专利、出版著作，广泛开展创新创业竞赛、"挑战杯"竞赛、郑科大讲堂、创业沙龙等形式多样内容丰富的创新创业活动。

第三章　创新创业管理规范有序

制度是工作的保障，为了使入孵企业或团队能够更好的享受创业孵化服务，郑州科技学院建立了完善的运营管理制度体系，如《大学生创新创业孵化园管理办法》、《众创空间入孵流程》、《众创空间管理办法》、《服务机构入园条件及程序》等；在日常运营上，针对内部服务团队，实行各自负责制，明确目标管理为中心基本管理模式，即按照项目的任务和职责，结合项目实际，制定目标，把研究开发能力、成果转化能力、人才培养能力、内部管理能力等纳入目标要素，按照责、权、利相结合的原则将年度目标层层分解、落实到人、考核到位；在财务制度建设上，相继制定了相关财务管理制度；行政管理方面也拥有相应的行政人事管理办法。

2015年9月为了鼓励和支持学生校内自主创业活动，郑州科技学院特设立大学生创业基金，并制定了《郑州科技学院大学生创业基金管理办法》（试行）（郑科院〔2015〕42号），大学生创业基金来源主要为主管部门专项经费、学校拨款、创业团队管理费、校友捐赠、社会捐赠等，受到支持的创业成功者回报等也作为后续基金来源。通过整合，为大学生创业者提供资金服务。搭建公益平台，动员社会力量，设立专项基金，对品学兼优、家庭贫困、立志创业的大学毕业生进行资助帮扶，通过提供创业基金，帮助他们克服创业初期资金困难，鼓励积极创业，实现创业梦想，郑州科技学院注资100万元，委托河南威达兴商企业管理咨询有限公司负责基金运作。

与此同时，将众筹作为项目与资金对接的重要方式，2017年郑州科技学院众创空间将与众筹网开展合作，采取"股权众筹+债权众筹+奖励式众筹"相结合的方式，为入孵项目团队和企业量身定制一揽子众筹解决方案，并在此基础上，大量引进其他知名投融资机构。将与UFO科创、西亚斯亚美迪中美创业基金、启迪之星合作，为资金与项目的对接奠定基础。

第四章 孵化基地建设成效初显

郑州科技学院大学生创新创业孵化园于2013年11月启动建设，2014年5月投入运营，孵化面积12000平方米，目前拥有370个开放工位、35个独立办公室、4个会议室、2个路演厅可以供创客们使用，同时创客咖啡厅一次性可以容纳100人举行创业沙龙活动，总投资近3000万元（包含场地建设、场地装修、办公家具、软硬件设施等），容纳商贸、电子、信息技术、产品加工、社会服务五大类型31家小微企业和创业团队在孵（其中在孵企业14家，在孵创业团体17个），目前正在园区创业孵化学生106人，带动就业人数311人，覆盖我校19个本、专科专业，2016年至今已有11家企业获得河南省大众创业扶持资金支持。

2015年6月我校大学生创新创业孵化园被郑州市人民政府授予郑州市大学生创新创业孵化园；2016年园区先后获批郑州市创业培训示范基地、郑州市科技企业孵化器、郑州市创新创业教育首批示范院校、全国民办高校"创新创业教育实践实训基地建设奖"等称号，2017年先后获批郑州市众创空间、河南省高校众创空间、河南省众创空间、河南省科普教育示范基地等称号，原运营机构--河南威达兴商企业管理咨询有限公司2017年被河南省科技厅认定为河南省技术转移服务机构，园区还是国家级智库--中国高校创新创业教育联盟会员单位。

中国高校创新创业教育联盟
IEEAC The Innovation & Entrepreneurship Education Alliance of China

新加入联盟成员高校名单
（排名不分先后）

重庆文理学院	华东理工大学
重庆邮电大学	华中师范大学
北京科技大学	黄河科技学院
北京联合大学	佳木斯大学
成都工业学院	金陵科技学院
大连大学	辽宁科技学院
大连艺术学院	南方科技大学
东北大学秦皇岛分校	南京信息工程大学
东华大学	三明学院
福州大学	上海理工大学
贵州师范大学	温州大学
海南大学	浙江工业大学
湖北文理学院	郑州科技学院
湖南人文科技学院	中国石油大学（北京）
湖南文理学院	中华女子学院

中国高校创新创业教育联盟新加成员名单

创新创业篇

河南众创空间备案单位通知

第四批河南省创业孵化示范基地名单通知

2017年5月4日郑州市人力资源和社会保障局创业指导中心与我校正式签约共建创新创业学院,并在学校建成"大学生职业技能培训"、"大学生创业指导服务"、"大学生创业培训"三个工作站。

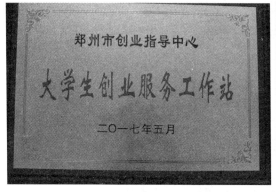

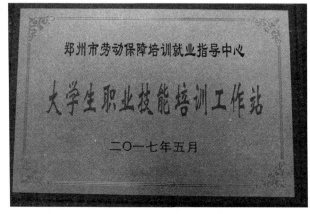

工作站

园区实行二级管理,创新创业管理办公室负责项目入驻、日常管理、教育培训、考核评估,各院系负责创业项目推荐、监管、专业指导,是集素质养成、专业实训、创新创业、项目孵化为一体的综合性实践教育基地。

园区以"创新、成长、发展、责任"为核心价值观,以"成就学生创业梦想、打造学校创业特色,服务国家创新战略"为宗旨,致力于培养学生的社会生存能力、可持续发展能力和社会责任感,努力为学生打造改变观念、历练意志、积累经验、增长才干的实战园地。

园区实行创业导师制,定期邀请校内外创业导师举办创业讲座并对创业实体进行指导。每周三、六、日设立创业园开放日,届时全校对创业有意愿的学生都可以参加丰富多彩的创业活动,例如跳蚤市场、创业者交流会等,让所有在校大学生都有机会接触与了解创业活动。带动了我校大学生自主创业的良好氛围,获得了同学们的高度赞誉,并呈现了良好的发展势头。

园区目前拥有专职工作人员10名,获评郑州市大众创业导师2人,其中取得研究生学历6名,取得本科学历4名,本科学历以上占比为100%。

园区定期邀请郑州市二七区工商局马寨镇工商所在空间内办公，为空间的创客提供一站式服务；与"河南科技通律师事务所"、"郑州联科专利事务所"签订合作协议，为创客免费提供支持产权维权及专利咨询服务；与"北京东鹏资产评估事务所"签订合作协议，为创客提供免费投融资、成果转化、知识产权评估咨询服务，与"北京恒冠国际科技服务有限公司"、"河南普智科技转移有限公司"签订合作协议，为创客提供技术转移服务；与"博思人才"合作，为创客提供人才解决方案。

园区参与投资3家企业，实际出资105万元。投资企业的基本情况：

公司名称	营业范围	注册资本（万）	投资金额（万）	占股比例
河南德固自动化科技有限公司	自动化生产线、工业机器人、数控系统、数控设备的技术研发、制造和销售（依法须经批准的项目，经相关部门批准后方可开展经营活动）	100	90	50%
郑州杰西卡教育科技有限公司	教育软件的技术开发、文化艺术交流活动策划；翻译服务；礼仪服务。（依法须经批准的项目，经相关部门批准后方可开展经营活动）	10	5	20%
荥阳市贾峪镇美食美客甜品工作室	零售：糕点、甜品、饮料。（依法须经批准的项目，经相关部门批准后方可开展经营活动）	20	10	20%

积极宣传国家和河南省、郑州市在大学生创业方面的优惠政策，深入了解大学生在创业过程中的困难和问题，并及时帮助协调解决。在学校定期组织政策及办理程序咨询、创业项目推荐、创业技能培训、创业讲座等公益性活动。

办好大学生青年企业家协会等学生社团，充分发挥学生的自觉性和能动性。通过开展创新创业大赛、职业生涯规划大赛等多种形式的竞赛活动，激发大学生创业热情、锻炼团队协作能力、启发创新思维；通过开展创业论坛、经验交流、典型事迹报告、课题研究、模拟实践等活动提高大学生的创业能力和素质，促进大学生创业群体的沟通和交流。

郑州科技学院创新创业学院是郑州科技学院所设立的创新创业型人才培养平台，由郑州市人力资源和社会保障局创业指导中心和郑州科技学院共建。创新创业学院坚持"育人为本，协同推进"的工作理念，紧密结合地方经济与社会发展需求，依托学科特点和专业特色，致力于培养学生的创新精神、创业理念与能力。从顶层设计、平台建设、资源整合、组织管理、氛围营造等方面着手，把创新创业教育融入人才培养全过程，成为学校开展的创新创业教育工程的重要组成部分。

创新创业学院由创新创业教育区、创业苗圃区、创业孵化区、创客空间区、创业服务区五部分组成，创新创业教育区定期举办SYB创业培训、开展创业活动研讨、创业项目路演与创业指导讲座等；创业苗圃区为具备创业意识和一定基础的学生创业团队活动区，培育大学生创新创业训练计划项目；创业孵化区容纳学生的创业实体并给予扶持；创客空间区则是创新项目的研发与创业平台；创业服务区为创业者提供创业政策指导、创业项目实施等服务。

第五章 创新创业文化彰显特色

创新创业工作的开展，使全院大部分学生得到创新创业知识的普及，创业文化氛围浓厚，同学们的认识大大提高。对于为什么要进行双创教育，创新创业的内容有哪些，创新创业的方法、途径，如何对待遇到的问题等等都有新的认识，对创新创业实践活动的开展起到巨大的推动作用。

自学校开设 GYB（产生你的企业想法）、SYB（创办你的企业）创业培训课程以来，受到全校学生的高度赞誉，学生们认为"GYB+SYB"创业培训课程是一套简明、通俗、适用的创业培训体系，它打破了传统的教学模式，利用现代化多媒体教学工具，通过头脑风暴法、情景模拟法、角色扮演法、SIYB游戏等多种培训方法，形成了教师与学员之间的真正互动，极大的激发学生的学习潜能与学习兴趣。

2015年10月9日河南电视台《河南新闻联播》对我校的创业培训情况进行了专题报道。

《河南新闻联播》专题报道

我校情艺装裱工作室、创宇电子维修服务部、妍熙形象工作室、龙飞自行车综合服务部、郑州席韵堂商贸有限公司5家大学生创业项目分别获得2015年、2016年河南省大众创业扶持项目资金扶持2万元，郑州郑科电子商务有限公司、郑州播客广告有限公司和河南美爵装饰工程有限公司的3家大学生创业项目分别获得2016年、2017年河南省大众创业扶持项目资金扶持5万元。

2015年5月14日至16日，我校三支创新创业团队参加了由河南省教育厅、河南省人力资源和社会保障厅、河南省科技厅主办的"云台山杯"2015中国河南—美国区域高校创新创业大赛并进入复赛。

2016年7月在"中国创翼"青年创业创新大赛上，我校王奇堂同学创办的郑州席韵堂商贸有限公司推送的创业项目在大赛中取得优异成绩，王奇堂同学获得中国"创翼之星"荣誉称号。

图为入孵的创客们接受经营实战技巧培训

举办财税管理培训讲座

创业导师与大学生创客合影留念

创客们参加国际创新创业大会

而定期开展的"企业家课堂"、"创业沙龙"等创新创业专题活动,还邀请校友回母校做创业成功专题讲座、邀请企业经理到学院介绍创业知识、讲授经验,启发学生创业思路。

创新创业篇

创客姜明走进郑科众创空间,谈"就业、创业、创新、创富、创贵"

郑科众创空间大学生创业沙龙活动现场

郑科众创空间项目路演

郑科众创空间投资专家点评路演项目

2016年郑州报业集团"郑报融媒首届电商创业实战大赛"、由百度公司指导,河南云和数据信息技术有限公司主办,郑州科技学院承办的2016年百度全国高校创新营销大赛华中区的大赛决赛在郑州科技学院举行,评审嘉宾针对每个项目团队所在的行业和发展阶段给与了犀利、督导、生动有实效的点评。

2016年郑州报业集团"郑报融媒首届电商创业实战大赛"启动仪式

2016年百度全国高校创新营销大赛华中区决赛颁奖仪式

第六章　创新创业教育体系日臻完善

学校把创新创业教育纳入教学计划，建立了教学管理、教学质量监控和教学质量保障等较完善的创新创业教育教学管理制度；制定了创新创业教育教学工作规程、课程建设方案、实践教学工作条例等教学过程质量监控措施；还制定了《创新实验室管理办法》、《学生创新活动学分换算办法》等具体规定规范创新创业教育工作。

一、修订人才培养方案

我校积极修订和完善人才培养方案，将创新创业教育思想融入人才培养全过程，组织人才培养模式大讨论，全面修订和完善各专业人才培养方案，明确本科、高职高专的创新创业教育目标要求，使创新精神、创业意识和创新创业能力成为评价人才培养质量的重要指标。同时我校进一步加强学科专业建设，开展专业综合评价，完善学科专业预警、退出管理办法，探索建立需求导向的学科专业结构和创业就业导向的人才培养类型结构调整新机制，加大与先进装备制造业、光电信息、新能源、现代服务产业紧密相关的学科专业建设力度，为学生更好参与创新创业提供更优越的条件。

二、构建创新创业课程体系

通过人才培养方案修订，形成了覆盖公共课与专业课、必修课与选修课、理论课与实训课的创新创业教育课程体系，做到在全校全员普及创新创业教育。

首先是将《创业基础》纳入公共必修课，设置32学时，2个学分，在第二学期开设；其次是将GYB创业培训和SYB创业培训、创业实训课程纳入公共限选课程，在第三、第六和第七学期分期开设；在大学二、三年级结合专业特点开设创新创业课程，将创新创业教育与专业相结合，同时设置了《创业指导》等创业类公共选修课，并开设《发明与创造》、《文献检索》、《基于麻省理工学院的远程实验》等一系列支持创新能力培养的选修课程；在大学四年级结合不同专业增设"学科创新创业专题讲座"，针对部分有更多创业兴趣和潜力的学生开设"创业专题能力培训"，利用学校大学生创新创业孵化园的实践平台，为他们提供创业过程所需的创业指导。对已经创业并取得创业培训合格证书的学生，争取创业扶持资金创造创业条件。

邀请企业家校友作为创业课程授课人、创业沙龙主讲人，接收学生到校友企业挂职实习，搭建校友与学生投融资平台。

三、自编创新教育专业教材

编写创新创业教育类教材是创新创业教育改革的重要内容，是体现创新创业教育改革成果的有效形式，学校将创新创业教育类教材建设作为推进创新创业教育的一项重要举措。

结合学校学科专业实际，已组织自编《工业机器人技术及应用》、《3D打印技术基础》、与怡亚通集团共编《跨境电子商务运营实务》等一批应用型特色明显的教材，以项目驱动模式开展的《专业导论》课，自编教材已投入应用，进一步激发了学生的学习兴趣，效果良好。

四、教师选配与培养

从创新创业教育的特点出发，学校建立了开放、灵活的教师配备机制，组建了一支以专职教师为主、兼职教师为辅的创新创业师资队伍。现有创新创业专职教师 24 名，兼职教师 20 名，全部具有本科及以上学历。根据教育教学工作需要，对新任创新创业教师均要求具有研究生学历和硕士学位。

学校设立教师学术交流专项资金，主要支持教师参加高水平的创新创业课程学习和专业教师、创新创业教育教师的进修，已有多人次参加教育部等部门组织的创新创业交流、培训活动。将创新创业工作纳入院系年度绩效考核，并在教师专业技术职务评聘中予以考虑。

学校成立了教师发展中心，服务教学工作，促进教师发展。一是持久开展师德主题教育活动，加强师德师风教育，提升教师依法施教能力。二是组织岗前培训，提高新任教师贯彻执行教育方针政策及学校各项管理制度的自觉性。三是实施以老带新导师制，由教学科研能力强的教师担任指导教师，与青年教师结成对子，通过结对帮扶，促进青年教师教学发展。四是选派骨干教师参加国家精品课程网络培训项目，提高教师单科课程教学能力和水平。五是举办现代教育技术培训，切实提高教学质量和教学效果。六是组织教师参与企业生产和管理、联合开展应用技术研究和技术服务等，提高双师素质和双能水平。七是定期开展教学技能大奖赛，进教学手段和教学方法改革。八是支持教学团队建设，培养可持续发展的创新创业教师队伍。

五、完善创新创业导师配备

在针对性地指导创新创业实践活动方面，学校采取"双导师"制，为每支团队指定一位专职教师作为成长导师、一位专业人士作为项目导师。一方面督导团队规范管理和循序发展，另一方面论证项目方案和组织实操。通过个别辅导和集体答疑等方式，将理论知识教学、典型案例解析与实战经验分享紧密结合，有效提升了学生的创意思维、创意表达和创新实践能力。

六、实施大学生创新创业训练计划

通过实施大学生创新创业训练计划，促进学校转变教育思想观念，改革人才培养模式，强化创新创业能力训练，增强学生的创新能力和在创新基础上的创业能力，培养适应创新型国家建设需要的高水平创新人才。

学校对参与大学生创新创业训练计划的学生实行导师制，制定相关的激励措施，鼓励校内教师担任大学生创新创业训练计划的导师，积极聘请企业导师指导学生创业训练和实践。重视大学生创新创业训练计划实施的条件建设，学校的示范性实验教学中心、各类开放实验室和各级重点实验室向参与项目的学生免费提供实验场地和实验仪器设备。创新创业管理办公室积极承担大学生创新创业训练任务，为参与计划的学生提供技术、场地、政策、管理等支持和创业孵化服务。学校积极营造创新创业文化氛围，搭建项目学生交流平台，定期开展交流活动,鼓励表现优秀的学生,支持项目学生参加校内外学术会议,为学生创新创业提供交流经验、展示成果、共享资源的机会。

为深入贯彻落实《国务院办公厅关于深化高等学校创新创业教育改革的实施意见》(国办发〔2015〕36号)精神,将创新创业教育融入人才培养全过程,厚植大众创业万众创新土壤,力争"大学生创新创业训练计划"全面覆盖,提高创新创业人才培养质量,2017年3月至11月经校长办公会研究同意,组织全校所有本科生院系首次实施"大学生创新创业训练计划"项目申报工作,全校共征集135项"大学生创新创业训练计划"项目,经过校内外专家现场评审、答辩,确定58项校级立项;并出台了相应的配套政策,赢得了师生们的好评;经过省教育厅、教育部专家再次评审,获国家级立项1项、省级立项9项。

第七章 创新创业教育硕果累累

一、创新成果突出

近年来，学校依托各创新实验室积极开展大学生创新创业训练计划，实行"学生参与、项目驱动、开放式运行"的管理模式，并在全校范围内广泛开展科技创新活动，受到了大学生的欢迎，取得了较好的效果，尤其是在参加全国职业院校技能大赛、全国大学生电子设计大赛、全国信息技术大赛等大型学科技能竞赛的实际训练中，发挥了重要的作用，并帮助我校参赛选手在各项大赛中取得了优异的成绩。先后获得大学生电子设计大赛全国二等奖、全国信息技术大赛单片机组全国二等奖、职业院校技能大赛河南省团体二等奖、全国软件专业人才设计与创业大赛总决赛 C/C++程序设计全国一等奖，充分体现了学校实践教学的质量与效果，提高了学生的创新能力，为学校争得了荣誉。

近年来共完成和立项创新项目 200 多项，学生参与或主持省市级科研项目 15 项，其中，"3D 彩色打印装备及过程自动控制系统"被列为省教育厅重点攻关项目。申报专利 12 项，发表论文 50 篇，获得省级以上学科竞赛奖项 300 多项，获奖学生人数达 400 余人次。

近年来，学生参与或主持省市级科研项目 15 项，申报专利 12 项，发表论文 50 篇，获得省级以上学科竞赛奖项 450 项，获奖学生人数达 900 余人次。

2016 年 5 月在北京发明协会、中国科学技术协会主办的"第十届北京发明创新大赛"中获金奖的高校仅清华大学和我校两所，并受邀参加中国科技周北京主会场展出，被评为"最受公众喜爱的项目"。

2015 年在中国科学技术协会主办全国青少年科技创意大赛中获"全国科技创意大赛一等奖"，与华中科技大学、西北工业大学、郑州大学 3 所高校选手同获"创意之星"荣誉称号，并被中央电视台唯一报道。

2016 年在高等教育学会、中国发明协会主办的第八届"高等学校信息技术创新与实践活动"、"中国工程机器人暨国际公开赛"、河南省首届"智能制造（工业 4.0）创新创业大赛"中、"全国智能制造（工业 4.0）创新创业大赛"，都获得优异成绩。

二、学生创业成果逐年显现

近年来，学校鼓励"大众创业、万众创新"已经见到了明显的成效，特别是每周三、周六、周日设立大学生创新创业孵化园开放日活动，有效的激发了全校学生的创新创业实践活力，过去很多大学毕业生把找到一份固定的工作，做一个职员，作为追求目标。现在很多大学生经过学校的创新创业教育都在跃跃欲试，要通过自己的努力、自己的奋斗去成就一番事业，这方面我们看到了很多可喜的局面。

我校创业园在孵项目郑州郑科电子商务有限公司创办人 2011 级市场营销班毛海阔同学联合国内著名的阿里巴巴集团有限公司等企业，致力于"用互联网思维颠覆传统行业"，联合研发深受大学生喜爱的校园生活服务类 O2O 平台--郑科云商，目前已正式上线。此项目获得

2016年度河南省大众创业扶持资金5万元。

我校创业园在孵项目郑州播客广告有限公司创办人 2010 级艺术设计班李可同学联合郑州市著名企业郑州一秒广告有限公司，不断整合资源优势、地域和市场优势、技术优势，取得了非常不错的经济效益与社会效益。

我校2011级财务管理本科专业6名同学依托创业园在孵项目郑科商城大学生创业精品便利店为案例设计本科毕业论文，在论文中提出了多项切实可行的建议，相关建议已应用到创业实践中。

第八章 创业新秀崭露头角

项目名称：杰西卡教育科技有限公司
总负责人：张瑞娜
创新创业口号：敢想敢做，敢拼敢闯
项目简介：张瑞娜，郑州科技学院外语系2014级学生，担任外语系学生会主席以及杰西卡法人代表，是一名有理想并能为理想付诸实践的大学生创业者。

目前，随着国际化趋势的不断扩大，英语作为一种语言服务工具越来越被大众所需要。但是作为一个汉语国家，英语的传播和推广就已经势在必行。随着越来越多的英语培训班、英语培训学校的兴起，英语教育培训已经逐渐演变为一种行业，顺便也带动了其他专业与技能的培训。教育培训产业也给很多人带来的不菲的收益。在学院浓厚的创业氛围以及当今社会的影响下，杰西卡创始人张珊珊萌生了创业的打算，首先，她进行了社会调研报告，发现目前，英语辅导、培训的市场前景很大，尤其是马寨周边地区都在拆迁，很多培训机构因为场地等原因都搬走了。可以整合周边的资源，在大学办中小学培训，吸引力很大。同时，也可以吸收学校内很多教师、学生的参与，带动学生进行创业。随着时间的流逝，张珊珊的想法越来越坚定，然后她就申请了学校的大学生创新创业项目，在学校和老师的大力支持下，想珊珊开始了她的创业之旅。郑州杰西卡教育科技有限公司源自郑州科技学院创新创业孵化园项目，该项目致力于为我院大学生创新、创业提供实践的场所和平台，主要利用外语专业优势，通过公司化经营模式，使学生了解大学生自主创业的过程，体验创业的艰辛并积累其就业竞争力，从而达到培养应用型外语人才的目标。师生合作，外教协助进行创业是公司的一个亮点。依托郑州科技学院外语系的优质师资，开展大学英语四六级培训、考研培训、教师资格证考试培训、小语种培训和英汉互译等业务，拟以打造立足本校，辐射周边的富有外语特色的专业辅导培训以及外语翻译咨询机构，帮助学生提高外语的应试以及实际应用的能力的同时，为学生的就业创业提供强有力的支持和保障。杰西卡公司前期包含了小语种培训以及四六级培训，主要招生范围为校内大学生。在大家共同努力下，杰西卡公司有条不紊的运营着。

毕业以后，张珊珊决定考研，迫于时间的原因，她就开始寻找杰西卡新的负责人，这时候，小她一届的学妹学妹张瑞娜出现在了她的视野，张瑞娜办事认真负责的态度让张珊珊对她产生了好感，在进一步的接触后，张瑞娜也表明了自己愿意接手杰西卡的态度，在经过一系列的转让手续之后，张瑞娜正式接了杰西卡。慢慢的，她发现，要想把杰西卡做大，做好，就一定不能把目光只局限于学校，要让杰西卡真正的"走出去"。接下来，张瑞娜又做了一定的市场调研。但是，通过调查了解学生及学生家长，她发现，盛行的英语教育培训机构模式相对单一，主要模式为传统的课堂教学和纯粹的线上辅导为主。此外，培训费用也是一笔不小的开支，尤其是英语小班授课，英语口语一对一培训，外教培训、出国英语培训等项目，培训机构所收取的费用更是让人咋舌。

随着中国改革开放进程的不断深化，英语教育的作用也在凸显。英语已经作为国际社会的公共语言。而我国对于英语的重视程度还有待于提高，英语教育培训的市场空间很大。以我校为例，英语教育培训就可以涵盖到本校学生、校园周边中小学、周边社区、医院等。

研究调查之后，张瑞娜提出了初步的方案，在系部老师的帮助下，张瑞娜终于带领杰西卡开辟出了另外一番天地。在传统的大学英语四级培训班的前提下，杰西卡教育科技有限公司已陆续开设西班牙语班、德语班、日语班、考研英语班等培训课程。开班最初，张瑞娜投入了大量的精力在宣传阶段，在竞争压力如此之大的情况下，杰西卡凭借高素质团队脱颖而出，开创了事业第一步。相信以后杰西卡团队能够不忘初心，一步一个脚印去赢得属于他们的辉煌。

项目名称：你的花房

总负责人：樊文杰

创新创业口号："遇见它，便爱上它"

项目简介：樊文杰，2016年9月进入郑州科技学院财经学院学习经济学专业。在校期间先后在学校大学生创业孵化基地创建自己的花房以及自己家乡建立了多肉大棚，依靠两个基地解决了基本的生活开销，是一名逐渐成长起来的年轻创客。

在学校浓郁的创新创业教育氛围的熏陶下，再加上自己对绿植的喜爱，樊文杰萌生了建立自己的多肉大棚的想法。从2016年入学至今，樊文杰先后参加了环境保护协会、大学生创业知识讲座等关于绿植以及创业方面的培训。"你的花房"花店位于大学生创业孵化基地，面向广大郑科院师生以及校外人士。因其自身为大学生自主创业，所以在许多方面学校给予了极大的优惠政策：学校在政策上予以支持，在技术上予以扶持，在经营上予以指导，在资金上予以帮助，资金补助，贷款优惠等都是对花房建设最大的鼓励。

"你的花房"是由大学生自主进行的创业，因此目标消费者定位为在校大学生。暂定的目标消费群以马寨各高校大学生为重点，将来逐步扩大市场，以郑州科技学院为例，各类在校生近2万人则投入附近3校共有近5万的目标消费者，而最新的统计表明，全国在校大学生有3000万左右，这样的市场规模是相当庞大的，而且考虑到将来在校生毕业后仍将成为网站的忠诚客户这一现实，目标市场的容量将是相当可观。实行以一带多的销售模式，可以让新老顾客以加盟的方式进行宣传与销售。

花房面积有25平方米，种植品种包括多肉、绿萝、风信子、少女花等。种类繁多，以精美的花盆和简洁的装饰作为点缀，使得花房一片生机勃勃。花房现阶段主要经营成品花与多肉，有部分的幼苗培植，因空间有限，无法与大棚种植相媲美。但花房有着稳定且广泛的进货渠道，基本能满足广大消费者的需求。

项目名称：静怡轩蛋雕工作室

团队成员：4人

创新创业口号：废物利用，化废为宝，小蛋壳、大世界！

项目简介："静怡轩蛋雕工作室"创建于2017年5月，其创办之初衷是为了弘扬中国传统民间艺术。蛋雕，又名蛋壳雕，是在禽类蛋壳上雕刻成画，如鸡蛋，鹅蛋、鸵鸟蛋等。蛋雕，因其主材蛋壳近乎球形，故据其形状可理解为"团圆""圆满"之意。有吉祥如意的韵意；"蛋"与"诞"谐音，意为"开始""开端"，一件好的蛋雕作品，也就意味着一个良好的开端。故而蛋雕作品的收藏有着美好的祝福。静怡轩蛋雕工作室主要以：山水书法、人物头像、花鸟虫鱼、镂空浮雕等。

前期通过网络等媒介对消费者进行询问调查，了解消费者需要哪方面的需求，根据调查结果来生产自己的系列产品。蛋雕的装饰简单，甚至不用装饰，所以费用很低。蛋雕需要的底座和装饰用的盒子等，在批发市场购买价格很便宜，所以费用也比较低。蛋雕的成本完全可以控制在 10 元以内，因为制作花费的时间随产品难易程度而改变，所以价格或许会有很大变动，但是最低售价也远远大于成本，其利润非常可观！

工作室计划第一年建立自己的品牌，收回初期的投资，积累无形资产，第二年后开始盈利。尽管在河南等地区蛋雕很多人不了解，但是我们会提高工作室的知名度，是市场占有率最大化。开发新品与规范流程两手抓。扩大工作室的影响范围，为以后占领更大的市场打下基础，把蛋雕工艺品做大做强！

蛋雕工艺有千变万化的造型，融入了丰富的中国传统文化，蛋雕能够创作书法、人物、风景、镂空浮雕等工艺品，市场发展空间巨大，可以创造巨大的社会效益与经济效益。工作室后期计划与各大学校合作，用其专利技术帮助大学生就业，满足巨大的市场需求。

静怡轩蛋雕工作室提倡环保、节俭、低碳的原则。而蛋雕它是一种化废为宝、化腐朽为神奇的一种工艺品，是制作者赋予了它们生命，使它们产生了欣赏价值，也符合当今社会的环保理念，"蛋雕"是值得传承与发扬的艺术！

项目名称：郑州两界商贸有限公司

总负责人：陈恩瑞

创新创业口号："我们做的不只是印制产品，更是贴心的精准服务"

项目简介：郑州科技学院大学生创业园里，有这样一位大男孩在追逐自己的梦想，很特别，很吸引人，做着与众不同的事，与众不同的工作。"忠于兴趣，执于追求"，当问起对创业的看法时，陈恩瑞这样回答道。

这家"郑州两界商贸有限公司"的创始人叫陈恩瑞，是土木建筑工程学院 2013 级建筑工程专业的一名学生。在交谈中得知恩瑞还是在参加学校组织的 GYB、SYB 创业培训教育后才坚定了自身的创业想法，先后在北京，河北，山东，河南等多地寻找创业途径，最终确定做定制礼品项目，与堪称黄金搭档的好友"亮仔"一起创业，创办了公司。

说起来恩瑞走创业这条人生道路让周围熟悉他的老师和同学感到惊讶与期许，原来创业之前陈恩瑞在学校还是一位能力出众小有名气的社团负责人。打破常规互动，2014 年担任武术协会会长，多次共筹组织省、市、区范围内高校协会兴趣类社团交流大会；2015 年任聘为校社团联合会主席后社交发展范围升级在全国社联协会间共进学习，2016 年数次国内多省范围交流，与企业家、导师进行沟通交流，荣获国家励志奖学金和郑州市"三好学生"称号，从这丰富的日常履历和荣誉中我们不难发现，他大学期间锻炼出的"能打仗，打胜仗"的能力为现在的自主发展奠定了坚实的基础。

也正是集体里的组织文化和团队建设意识让陈恩瑞善于发现社会生活行为和团队组织发展中的痛点，因此他把自有产品打造成为满足实际所需的连接点和承载物，在文化创意方面独有见解，把除了水和空气外的任何材质印制上想要的内容元素。运用 3D 影印，热转印，丝印等多项实践技术，从益智课堂、商务礼品、生日礼物、婚纱摄影、家居装饰、过节送礼，到现代的旅游市场、纪念品市场等入手，多角度形成了自己的礼品定制体系，并加以引导，为团体、个人提供定制，服务人文概念。

"我们做的不只是印制产品，更是贴心的精准服务"看着他与设计师校对产品文案下的那张执着面孔，我们也祝福他能够在这份走心的创业事业中乘风破浪，越来越好。

项目名称：郑州独一无二的你服饰有限公司

总负责人：王苗苗

创新创业口号：用服饰装扮独一无二的你

项目简介：王苗苗，2017年6月毕业于郑州科技学院艺术学院动画专业，目前创立了郑州独一无二的你服饰有限公司。郑州独一无二的你服饰有限公司成立于2017年3月27日，法定地址是郑州市马寨镇学院路1号郑州科技学院大学生创新创业孵化园111-4号。是一家集服装设计、生产销售、代销售、品牌管理为一体的服饰有限公司。公司的业务对象主要是以郑州科技学院为中心的郑州各类大学的在校大学生。

郑州独一无二的你服饰有限公司，有着一套完整的管理体系、合作的团队、优秀的骨干，我们设有广告部、策划部、营销部、执行部、财务部、人事部、物资采购部以及综合办公室。

公司宗旨：用科学、专业、真诚的服务来是的客户满意，让每一位大学生更能凸显自己的美丽。把客户有限的资金进行最经济的策划和设计，让客户以最低的成本，达到最佳的包装效果。

郑州独一无二的你服饰有限公司的注册资金是十万元。目前是是由股东一人承担，没有其他人参与融资。在创业之初到现在，短时间内已经完成了快三万的业务，实现毛利一万元，并且业务量呈现良好增长趋势。

创业理念："用服饰装扮独一无二的你"是我们创业的口号，走一条有自己特色的路，我们的服务对象主要是针对广大在校师生，我们将考察师生的需求，认真做好让顾客满意的服装，达到最好的宣传效果。

项目亮点：有效整合大学生信息，全面开发大学生市场，做大学生的专属衣柜。

郑州独一无二的你服饰有限公司以自主服饰品牌为主，吸纳其他服饰品牌为辅，真诚的为大学生服务。主要采用会员制，客户购买服饰越多，价格则会越优惠。

团队简介：郑州独一无二的你服饰有限公司以自主服饰品牌为主，吸纳其他服饰品牌为辅，真诚的为大学生服务。主要采用会员制，客户购买服饰越多，价格则会越优惠。

市场分析：以郑州科技学院为第一个市场郑州科技学院有在校大学生两万于名。首先我们在在校内推广我们的公司平台，目前公司平台主要以微信号为主，既方便又快捷，让顾客随时方便看到产品。微信平台也有利于我们顾客之前互相交流分享。在校内推广两个月就达到了近三万元的营业额，毛利近一万元，可以说是效果良好，且呈现增长趋势。

项目名称：乐途自行车综合服务社

总负责人：胡文龙

创新创业口号：绿色环保 健康出行 乐在途中 骑乘脚下

项目简介：胡文龙，2017年毕业于郑州科技学院车辆与交通工程系车辆工程专业，先后创立了郑科闲鱼和乐途自行车综合服务社。是一名对生活充满激情的大学生创业者。

在郑州科技学院专业技能的培养与国家良好的创新创业政策的下，胡文龙萌生了结合自己专业知识的创业计划。2013年期间，胡文龙利用课余时间坚持做兼职，去过餐厅当过服务员、保安、发过传单、带领自己的团队做移动业务，为创业攒下人生第一桶金。2014年先后参加了GYB、SYB等创新创业的一系列创业培训。

2014年9月，胡文龙与合作伙伴、谷龙飞、宋鹏举等团队共同努力下入驻郑州科技学院大学生创新创业孵化园科教105室，成立乐途自行车综合社。经过一年的经营与努力，乐途自行车综合服务社成为郑州科技学院乃至马寨镇比较具有专业性质的一家自行车综合服务团队，乐途自行车以竭诚服务广大师生为宗旨，建立起以自行车销售与租赁，二手自行车维修与保养，骑行装备出售等综合性服务平台。

乐途自行车服务社积极倡导广大师生低碳出行，绿色环保，公司在服务社的基础上成立了"乐途自行车综合服不断务骑行队"为那些热爱绿色出行，热爱旅游热爱生活的师生们一个广阔的交流平台。乐途自行车综合服务公司立足于服务、以服务打造核心竞争力。

创业座右铭：认真是一种态度，既然选择，就要努力把它做好。

2015年3月 乐途自行车综合服务社荣获"河南省大学生创业扶持资金20000元"更加鼓舞了我们的创业热情。

2015年10月乐途自行车微信网络商城正式成立，用户可以在网上直接下单，享受各种优惠业务，大大增加了本店的知名度与销售额度。

2016年2月胡文龙与自己的团队去各大高校考察，准备引入共享单车、共享电车等项目，因电动车技术问题，胡文龙与其团队，钻研，与时俱进，攻克难关，至今已经能够成熟的做好电动车售后服务各项业务。

2017年2月胡文龙与其团队，刻苦努力，每天做到服务好每一位顾客，并将店内环境优化，做到干净整洁。目前店内主要业务有出售全新及二手山地车、电动车、维修山地车、电动车；出租山地车电动车，出租烧烤架、配钥匙。

目前店内长期员工5人，网络销售人员在未来的一年内，乐途自行车将扩大市场，引进共享单车、与电车，更好的服务于全体师生，服务于社会。

创业不是一帆风顺的，有苦也有甜，经得住风雨才能走得更远。

项目名称：妍熙形象工作室

总负责人：秦晶晶

创新创业口号：一份关于美的事业

项目简介：秦晶晶，2016年6月毕业于郑州科技学院艺术学院视觉传达专业，周边同学眼中的漂亮学姐，喜欢逛街，购物，打扮。曾在大学时结合自身专业特长创办创艺画室培训班，也冒险将学费拿来做过生意，现在是"妍熙形象工作室"及"VIP优品汇"创始人兼总经理，并在学院同时兼大学生创新创业园讲解员。是一名年轻的女创客。

"有冲劲、有灵气、好奇心重，追求繁琐哲学的丰富度和新鲜感。"这是秦晶晶对自己的评价。

在大学的美好时光里，秦晶晶除了学习外，还喜欢时尚、读书、电影、旅行，在她的带动下，身边的女生也都变得时尚起来。

2014年8月，在学院浓郁的创新创业氛围熏陶下，经过学院推荐，指导老师帮扶，她在郑州科技学院大学生创业园创办了妍熙形象工作室，开展化妆、形象礼仪、气质心态、仪容仪表等服务，让大学生们变得更加自信，正确展现当代大学生的健康风采。

既能展现美丽又能创业带来收益，秦晶晶非常喜欢这份工作，她也用极大的热情来干好这个工作。

妍熙形象工作室利用自身美妆电商服务行业的爱好优势，凭借顽强的管理团队和先进的管理模式及操作思维，在校领导大力的肯定扶

先后获得多次大型活动的"指定合作伙伴"及"创新创业先进企业。"

截至2017年9月，已累计共带动在校大学生就业人数达180余人，旗下凤凰电服的联盟商家旗下会员已占有郑州科技学院在校生的60%，计划2019年底在其他在其他高校实现3个以上连锁平台，周边院校辐射的形态达成战略联盟，将"妍熙"品牌立足平原。

妍熙形象工作室2016年被郑州市创业指导中心评为"郑州市创业示范店"奖金10000元。

所有的成功者都要付出常人难以想象的代价，她清楚地明白这一点，也得知自己想要的生活是什么。

在"妍熙形象工作室"的未来路上，"脚踏实地、看向远方"是她的口号，"用心专注、服务至上"是她的理念，秦晶晶也将用一个不一样历程来展示当代大学生的风采，同时也欢迎更多同学加入她的团队。

项目名称：基于PLC的新型智能机械立体车库的设计

项目负责人：李腾飞

创新创业口号：人无我有，人有我优，人优我新.

项目简介：李腾飞，2015年就读于郑州科技大学机械学院机械加工制造及其自动化专业，先后被学院评为学习标兵优秀学员，开朗的性格使他在我们的集体中很快就有了很高的人气。

在机械工程学院这个充满书香气息的神圣天堂，他不断的学习、实践，不断地去接触新的事物，不断地自我提高。从入学以来他积极的参加各种学院性质的活动以及各种社会实践活动，为自己积累了丰富的理论知识以及广阔的眼界。

2017年郑州科技学院开展了大学生创新创业训练计划，偶遇一些不甘沉沦享受大学生活得的懵懂青年，他根据自己的社会经验以及专业知识抓住机会申报了学校智能立体车库项目，通过此项目不仅可以使自己在学校学习的知识学有所用，还可以通过不断地学习来增强自己的专业知识，然后和那些个懵懂青年一起探索着这条并不是那么好走的路。

通过调查，伴随着我国房产业的迅速发展，小区式居住方式已经成为市民住房方式的主流。并且随着我国经济的快速发展，人们拥有自己私家车也已经成为一种必然。所以由于小区与私家车的数量越来越多，那么应用于小区内的立体车库必将会如雨后春笋般迅速地生长起来。

自动车库是我国新兴的产业，具有广阔的发展前景。随着我国经济的快速发展，城市交通拥堵和停车难的问题成了影响城市发展的重要因素之一，传统的车库已经不适应城市发展的要求，再加上我国汽车保有量的不断增长，自动立体车库已经成为解决这一问题的必要途径之一。机械式立体车库具有空间利用率高，节省城市有限的土地资源具有建造成本低、建造周期较短；车辆停放入库快速便捷、自动车库更加安全，还具有节省能源等优点。同时自动立体车库还可以在有限的土地上停放更多的车辆，便于集中管理，减少管理费和人员等的优势，还可以在不同的区域根据实践的情况建设不同类型的车库以满足不同需要，可以有效

地缓解停车难的问题，这对现实中车库紧张的小区和人员聚集地提供了有效的解决方法。因此，机械式自动立体车库具有广阔的应用前景。

首先我们会研究机械式立体停车的运行原理和结构组成。然后是硬件部分的设计：PLC 选型；CPU 及扩展模块的外部接线的设计。再然后就是软件部分设计：编写 PLC 程序，分为控制程序和控制子程序两部分，其中主控制程序包括初始化部分，主程序调用子程序部分；控制子程序包括自动存取车程序，手动控制、故障报警，运行车位显示等程序。最后是控制系统的调试和测试部分。

2017 年 5 月中旬参加省级项目立项大赛，因为我们才初步接手研究项目，所以在很多项目成果方面有些差强人意，但依然入选校级重点项目，这对我们团队成员有着很积极的鼓励意义，让我们对项目研究完成的热情又增加了。

2017 年 9 月初，本来应该按学校安排出去实习的我们在学校科研处创新创业管理办公室和院系领导老师的帮助下，被获准留校完成项目进度，并成功在众创咖啡一楼申请到自己的办公区域，对项目进度有很大的帮助。

目前我们主要着手立体车库整体机械结构设计，包括车库钢结构骨架设计，其中包含支柱、横梁、斜拉杆、腹杆和支撑动力及附属装置的上下支撑梁的设计；选取合适的电机；车库骨架设计包括立柱、横梁、斜拉杆、加强肋等的设计。根据国内外已有车库运作模式，在完成各项工作的零部件组合中设计出一套我们自己的运作模式，经过大量的细化计算，确保该运作模式的可行性，精确到每一枚螺丝钉的尺寸，使各零部件在互相装配上能很好的啮合，让整体结构稳固。现在正在原理设计的各种可行性分析阶段，通过模拟运动来考虑各种结构是否能达到要求。

现在基本运动模式已经确定，已经在与各位指导老师讨论中确定了其可行性，接下来的首要目标是使整体结构及运动在达到要求的同时保持稳定，所以我们会下精力去在每个细节中，让车库的每一次运动能够保持在稳定的误差范围内。

项目名称：郑州万强网络科技有限公司

项目负责人：冉万强

创新创业口号：求实、服务、满意、真诚

项目简介：冉万强，2017 年 6 月份毕业于郑州科技学院电气工程学院，现创办郑州万强网络科技有限公司。

在校期间，冉万强曾经在院系担任过学生会书记，在这期间学到了很多东西，他也变得更加成熟了。大三期间一个偶然的机会了解到互联网这个行业，于是当时就学了相当一段时间关于编程开发这方面的技术。学成之后便进入了上海的某家知名网络公司工作，半年的实践工作使得他的进步日益明显。在上海工作了有半年之久，对互联网这个行业有了更深的了解。工作期间他萌生了自主创业的想法。他自己在内心里想了一套方案，于是从上海辞职回到学校之后开始筹划创业。在学校和老师的大力支持下，成立了郑州万强网络科技有限公司。公司主要是做软件外包和 IT 技能培训，软件外包有网站设计、软件开发、APP 开发、后台程序运营等等。IT 技能培训有 UED, web 前端，PHP, 大数据，Python 等课程体系。

首先，冉万强将创业的地点定在了他的母校——郑州科技学院，因为他了解到，郑州科技学院积极响应国家政策，对于大学生创业者给予最大限度的支持和扶助。于是，他就在郑州科技学院众创中心成立了自己的第一家公司——郑州万强网络科技有限公司,也是以自己的名字命名,代表着自己在这个如同自己孩子一般的公司所付出的诸多心血。终于,在2017年6月28号这一天,他终于拿到了公司的营业执照,这也代表着,自己的创业路终于踏出了第一步!

公司主要体现的是信息技术+服务的结合。主要以互联网大时代为基础,发展高新技术和传统服务,形成线上和线下的完美结合,最终呈现B2B,B2C或者C2C的互联网模式。项目主要以众包网络平台为媒介,发展线上和线下;传统外包项目进行分拆,由平台发包;线下不同技术种类人才进行接包,最终进行整合;这样形成了B2C(企业对客户)的网络模式。如果后期行成不同种类的团体接包,公司还可以进行孵化;当团体量不断增加,无形之中形成B2B(企业对企业)的互联网模式。

以目前的国内的行业经营情况来看,现在的中小型企业很难独立雇佣IT员工来维持公司的网站、APP等后台小程序的技术运行,而冉万强和他的团队可以帮助他们来解决减少这些管理运行上的经济成本。比如:公司成立开始运行时,公司可以帮助他们进行网站建设、网站维护、APP开发等一系列问题。这样公司在这方面投入的精力与金钱就会大大地减少,从而可以有更好的精力放在公司的实际运营中。

万强网络科技有限公司是利用"共享经济"的思维来开展业务,他们整合IT人才,建立一个众包平台,后期让这些人才在这个平台进行承接业务,他们不须要去浪费更多的时间来寻找业务,他们还可以增加自己的收入,企业也无需在这些方面设立部门,这样外包的形式可以更有效的进行运营,又减少了公司的经营成本。目前,公司的众包平台正在开发中。

公司成立后,任务的繁重才开始一一展现,创业路的不易也在一步一步地显现。公司成立初期,便有一个新生公司最大的难题摆在了眼前,那便是没有业务,这是一个新生公司的致命伤。但是,在公司上下的集体努力之下,公司在2017年9月份迎来了第一笔生意,虽然说盈利不多,但是终于让公司有了一个好的开始!

近几年公司的这种模式到达一定的成熟阶段时,模式可以产生可复制性,公司可以在其他地方相继开始设立分属机构,公司未来的发展定位是打造国内的一流的软件众包平台,发展IT培训,进一步汇聚人才,一方面可以稍微缓解IT人才的就业问题,另一方面可以更好的为国内的互联网公司的发展提供便利。公司一旦达到上市的能力,他们就会及时上市,正式的把郑州万强网络科技有限公司走出去。不断地学习新知识,不断地完善机构机制,不断地加强公司本身的竞争力,更好的未来的上市做准备。

"我们的公司小,但是我们的梦想大!我相信,我正在创造的是宏伟的事业!"冉万强这么说道。他的梦想很大,想要实现很不容易,他所付出的努力都在证明着,他的梦想不是梦。而且,他正在路上……

项目名称:郑州韵格文化传播有限公司

项目负责人:杨晓团

创新创业口号:科学、专业、真诚的服务

项目简介:杨晓团,河南洛阳人,2016年6月毕业于郑州科技学院艺术学院艺术设计专业,于2015年3月参与大学生创业园实习,2015年11月成立郑州韵格文化传播有限公司,于2015年12月正式注册并入驻郑州科技学院大学生创新创业孵化园。

郑州韵格文化传播有限公司是一家集制作、代理、策划、创意、咨询、为一体的媒介性合资网络传媒公司。我公司的服务宗旨是以帮助客户获取经济效益和社会效益为己任，旨在通过公司科学、专业、真诚的服务来建立客户与市场的最佳沟通渠道，把客户有限的资金进行最经济的策划和设计，让客户以最低的成本，实现所需求的水准，达到最佳的传播效果。

我公司的主产业分为两大类：一是以中华传统文化底蕴为背景，自主生产多种多样的手工艺品、开展各种兴趣培养培训，让我们的传统文化得以更好的传承。我们的产品与服务依托于电商渠道，借助网络购买力把我们的产品与服务推广销售出去。

二是以摄影、视频制作、app 开发、网络直播等科技含量较高的新兴产品为赢利点。以我公司研发的摄影生活 APP 为基础扩大大学生的社交圈，从而进行网上订购、招商、互动交友等特色服务于大众。网络直播将以传统文化为基础开发节目内容。

多种多样的纪念品、各种兴趣培养课程、优质的服务、产品美化设计风格各异、以我公司为中心扩大大学生的社交圈，以文化为主将是我公司的亮点。我们除了提供线下实体培训体验，产品款式样式可借助我校艺术系学生操刀设计，不仅可以让学生学以致用，更能让同学们在实践中学习与提高。我们的产品一部分可自主生产，可为我校学生提供长期优质安全的兼职岗位。

依托于我校艺术系师生的专业水准，能够承担我校创业教育的相关工作，可容纳部分学生从事创业实训，此项目立足于本专业，可行性较大，有一点的创新点和技术性，并具备一定的商业价值和市场前景，投资相对较少，风险较低。

从创立之初的一无所有到产品研发、销售、网络体系建设发展至今，公司在 2016 年被评为郑州科技学院"2016 年度重点扶持大学生创业项目"，2016 年 7 月在第二届"中国创翼"青年创业创新大赛初赛阶段取得优异成绩，获得"创翼之星"荣誉称号。

项目名称：100 图文设计工作室
总负责人：吴春阳
创新创业口号：专业、精细、快速、高效
项目简介：吴春阳，男，汉族，出生于 1993 年 2 月，专科学历，毕业于郑州科技学院。工作经历 2014 年 7 月~2015 年 12 月就职于河南科技市场郑州博创科技有限公司，主要从业于华北地区的夏普数码复合机售后服务，熟练掌握夏普数码复合机的工作原理以及维修。2015 年 12 月回校创办壹零零图文设计工作室。走上大众创业、万众创新的道路。

经营产品：办公文具；电脑喷绘、图文快印、晒图。

壹零零图文设计工作室为郑州科技学院广大师生提供办公文具以及复印、出图、装订等服务。让客户体验到更便捷的消费。图文快印对于全国各地的大学生来说都是必需品，而且对于图文店的技术要求也不是太高。只要对于 office 办公软件熟练就解决了最基本的问题。目前的大学生对于计算机二级基本都已经过关，个人资料基本不需要更改。对于工作方面就更加便利了。

对于校外市场图文店随处可见，目前的大学生作业以及报表之类的东西都是需要打印的，包括大量的身份证、简历。如果校内能够有一家足够有技术核心的图文快印店。还是很有前景的。工作室位于郑州科技学院生活区与教学区十字路口，地理位置优越，也是校内仅有的一家图文工作室。主要客户为校内师生、校外中小学以及金马凯旋 CBD 商户。

2014年7月我毕业于郑州科技学院，毕业后进入河南科技市场的郑州博创科技有限公司做夏普数码复合机的售后服务，通过一年半的努力。已经熟练掌握了夏普数码复合机的工作原理以及工作中常见的问题。

由于商业街的拆迁市场存在很大空缺，导致马寨工业园区同兴街街道商户搬迁，我们成了马寨工业园区最大功能最齐全的图文工作室。我们还可以给商户提供办公文具，以及企业定制办公文具。

而且我们后期会转向复印机的售后市场，因为售后牵涉到对打印机的技术性要求。我们通过闲暇时间可以培养自己的技术性问题，而且自己有现成的图文店可以直接操作。我也会培养自己的技术性团队。

到目前，固定资产理光1357生产型复印机1台、理光5001中速机3台、夏普700高速机1台、夏普350中速机2台；施乐彩色激光机一台，道顿胶装机1台、道顿切纸机1台，惠普T520绘图仪一台。台式电脑5台。

优势：做了一年半的夏普数码复合机的售后服务，对数码复合机在工作中出现的问题都可以迎刃而解，也拥有熟练的office等办公软件使用技巧。完全具备开图文店的技术性要求。图文工作室的所在位置是郑州科技学院创新创业园科教楼101室，位于教学楼与宿舍区的交叉路口。拥有得天独厚的地理位置，也是自己的毕业的学校，环境方面也相当熟悉。想经过自己的努力打造一个图文店品牌。

劣势：虽然也见识了很多的图文店，也了解图文店的发展。但是还没有经营方面的经验。

未来两年复印店稳定以后，我准备转向复印机售后与租赁的方向。走出校园，做写字楼的租赁和图文店的售后服务。把自己对打印行业的了解做到精通。这样才能够做大做强。通过团队不同方面技术的培养，目前已经能够承接工程图、效果图、标书、VI手册、装订等不同的业务。对于市场方面，加大复印店业务量，让团队迅速成长起来，尽快掌握复印店的经营模式，跟复印机的技术问题以及售后。我们做的不仅仅是复印，我们的最终目的是成为一家权威性的复印机售后公司，在市面上复印机的售后是少之又少，而官方的网店也是少的可怜，而且漫天要价。想成为一个权威性的售后团队，团队技术是非常重要的。对于一个面向售后的行业来说，风险是非常小的，甚至是没有风险的。只要技术过关、技术过硬。客户的认可度就会提高。我们规避风险有两种方法：1. 客户购买机器他就需要售后与保养；2. 客户租赁机器我们就拥有租赁的费用。为了规避这一系列风险我们需要更全面的服务。